孩子，别上当！

青少年的第一本防骗指南

叶晓川　叶逸璋　主编

苏州新闻出版集团

古吴轩出版社

图书在版编目（CIP）数据

孩子，别上当！青少年的第一本防骗指南 / 叶晓川，叶逸璋主编. -- 苏州 : 古吴轩出版社，2024.6
ISBN 978-7-5546-2371-8

Ⅰ. ①孩… Ⅱ. ①叶… ②叶… Ⅲ. ①诈骗－鉴别－青少年读物 Ⅳ. ①C913.8-49

中国国家版本馆CIP数据核字(2024)第108691号

责任编辑： 俞　都
见习编辑： 万海娟
策　　划： 汲鑫欣
装帧设计： 尛　玖

书　　名： 孩子，别上当！青少年的第一本防骗指南
主　　编： 叶晓川　叶逸璋
出版发行： 苏州新闻出版集团
古吴轩出版社
地址：苏州市八达街118号苏州新闻大厦30F
电话：0512-65233679　　邮编：215123
出 版 人： 王乐飞
印　　刷： 天宇万达印刷有限公司
开　　本： 670mm × 950mm　1/16
印　　张： 11
字　　数： 93千字
版　　次： 2024年6月第1版
印　　次： 2024年6月第1次印刷
书　　号： ISBN 978-7-5546-2371-8
定　　价： 46.00元

如有印装质量问题，请与印刷厂联系。0318-5695320

前 言
PREFACE

学习、旅游、网络购物……看似平常的生活场景，却可能藏着诈骗的暗流。近年来，在国家的大力打击下，传统诈骗方式越来越少，可随着移动互联网的高速发展，新型诈骗方式层出不穷。

在各类人群中，青少年受到的诈骗威胁尤为严峻。"你好，你的助学金要发放了，请你提供银行卡账号。""你好，你想买的限量款球鞋可以贷款购买。""你好，朋友，我的 QQ 账号丢失了，需要你发送验证码帮我找回。"一声声亲切问候的背后，是诈骗分子利用青少年涉世未深、防范意识薄弱这一特点布下的天罗地网。他们通过循循善诱的话术、精致的伪装，将天真、单纯的青少年一步步引向虎穴，使他们蒙受财产损失，甚至受到人身伤害。

据统计，截至 2023 年 6 月，我国未成年网民规模已经突破 1.91 亿人。"Z 世代"是互联网的"原住民"，可是，随着生活高度信息化，青少年受诈骗的风险也越来越高。因此，帮助青少年识别、防范新型诈骗是刻不容缓之举。

《孩子，别上当！青少年的第一本防骗指南》共7章，围绕学习、网络交易、追星、交友等过程中可能发生的诈骗展开详细介绍。各章节内容均结合现实中真实发生的案例撰写，希望此书能使广大青少年对各类诈骗手段有更加深刻的认识和体会，学会预防诈骗，能够分辨诈骗情景，从而更好地保护自己的人身和财产安全。

　　本书由中国人民公安大学副教授叶晓川领衔其创作团队撰写。中国人民公安大学历史悠久，学风优良，是全国公安系统第一个开展普通高等学历教育、第一个开展硕士研究生培养、唯一开展博士研究生教育的高等学府，也是学科专业最齐全、办学规模最大、教育层次最完备、目前唯一入选国家"世界一流学科建设高校"的公安院校。谨以此书向中国人民公安大学建校76周年献礼。

目 录
CONTENTS

编委会

第一章
学习类诈骗

第一节 奖助学金认准官方渠道

当有电话或短信通知我们将会获得奖学金或助学金时，我们在感到欣喜或安慰之余，也要稳住心态，要有警戒之心，一定要鉴别真假，以防陷入诈骗分子设计的圈套。因为常有诈骗分子利用这类信息，通过不法途径向我们的手机发送与之相关的链接，或者发送类似需要我们提供保证金之类的短信等。请谨记：一旦出现让我们"先交钱"的情况，就必定有诈。

真实⚡案例

玉玉是一名初三的学生，全家人只靠父亲在外打工挣钱维持生活，家庭比较贫困。但是玉玉学习勤奋，成绩优异。中考结束后，玉玉收到了重点中学的录取通知书，家人都很开心。但是玉玉深知自己的家庭条件，为高中的学费和生活费感到忧心。不过，令玉玉感到安慰的是，去学校报到时，玉玉向老师说了自己家庭的实际情况，老师告诉玉玉可以向学校申请助学金，待正式开学后根据有关流程办申请手续。玉玉的心里踏实了很多。

暑假即将结束，一天下午，玉玉接到一个陌生人打来的电话，对方说教育局将给玉玉发放 5600 元的助学金，玉玉需要与教育局的相关工作人员联系。玉玉对此深信不疑，因为自己此前确实和老师沟通过关于助学金这件事。与电话中所说的"工作人员"联系上后，该"工作人员"称，为了玉玉顺利领取助学金，需要玉玉接到电话后 2 小时之内把 1 万元汇入指定账号，以验证玉玉的银行卡，该"工作人员"声称，对方收到汇款后会在

半小时内把这1万元连同助学金5600元一起汇回玉玉手中的银行卡。为了在"工作人员"规定的时间内打款，玉玉的妈妈赶紧向亲戚借了1万元，和玉玉一起，按照对方的要求，按时将1万元汇入对方提供的账户。

然而，汇款后，这1万元以及助学金迟迟没有被打回玉玉的银行卡中，玉玉和妈妈这才反应过来：被骗了！于是她们赶紧报了警。不幸的是，玉玉觉得这件事给家里带来了严重的经济负担，内心焦虑过度，突然晕厥。尽管医院对玉玉进行了全力救治，却没有挽回玉玉的生命。

案件发生后，警方高度重视，火速破案。经查明，网络诈骗分子身居境外，遥控境内人员购买手机、电话卡、银行卡等工具，并利用非法手段获取多名中考考生信息，然后冒充教育局工作人员以发放助学金的名义对学生实施电信诈骗。

1

发放助学金是学校的一项重要工作内容，发放前需要同学申请并提供相关证明材料，还要经过严格的审核，并需要进行签字确认等环节。此外，无论发放的是奖学金还是助学金，无论是学校还是相关管理机构，都不会收取任何费用，不存在先向对方转账汇款才能领取助学金的情况。

2

作为学生，遇到转账汇款等情况时，一定要让父母或老师知悉。而且，无论是遇到紧急情况还是被他人告知了令自己激动的消息，都要让自己先冷静下来。比如，做几次深呼吸以平复心情，理性思考相关信息的可靠性、真实性，或主动与父母、老师沟通，寻求他们的意见和帮助。决不能因恐惧或兴奋而给骗子可乘之机。

3

一般来说，大部分单位的工作时间为上午八点到下午六点之间，超出这个时间范围打来的电话更要谨慎对待。并且，不要急于和打电话的人产生进一步的沟通和联系，要想办法对打电话的人的身份加以验证。还可以果断挂断电话，通过114平台等查询该电话的归属部门。如果无法查验相关信息，切勿轻举妄动。

小试牛刀

1. 通过（　）渠道领取助学金是最安全的方式。

A. 陌生网站

B. 陌生来电

C. 学校或教育局的专管部门

D. 陌生短信

第二节 "校园贷"应拒绝

在日常生活中以及网络中，琳琅满目的商品很容易让人心动。有些人面对这些商品会产生强烈的想要拥有的欲望，甚至总想与他人攀比，而严重的攀比心理可能会让人丧失理智。

比如，当你看到有些同学手里拿着最新款的手机，穿着最新潮的球鞋，而你也心心念念想要拥有，却为钱发愁时，有人说可以借给你一笔钱，然后你分期还款就行，这是否会让你十分心动呢？

真实案例

15岁的小荣是住校生，每个月父母给她1000元的生活费，除去吃饭等日常开销，她手里基本没有余钱。看到有的同学用着最新款的手机，她心里非常羡慕，非常渴望也能拥有一个最新款的手机。当她得知同学小敏认识可以做小额贷款业务的"大哥"，并且允许分期还款，每月只需还几百块钱时，在虚荣心的驱使下，她在小敏的介绍下，去向所谓的"大哥"借款1万元以购买新款手机。然而，"大哥"并未将这笔借款全部打给小荣。"大哥"告诉小荣，因为银行冻结了他的账户，现在必须支付1000元的解冻费用把账户解冻后才能把钱借给小荣。小荣被欲望击垮了理智，不做思考，不假思索地答应了"大哥"的要求，同意把自己刚从父母手中拿到的1000元给"大哥"，用于解冻账户。除此以外，这笔借款又被"大哥"以手续费、介绍费等各种名义克扣，虽然小荣借款1万元，但最终小荣实际拿到手的钱只有7000元。

拿到"贷款"后，小荣很快将钱花得一干二净。到了第一次还款的日子，她的手上只有当月生活费余下的200元，但她要还的"贷款"仅当月的利息就要600元。由于还不上利息，再加上不敢和家人说这件事，在小敏的劝说下，小荣开始通过向其他所谓的"校园贷"中介机构借款来偿还最初的这笔欠款。半年时间内，小荣向数家"校园贷"中介机构借钱，仅仅是利息之和，每月就高达2万余元。

　　无奈之下，小荣将父母刚给她的新学期的学费、生活费全部用于还款，但是这些钱远远不够。那些"校园贷"中介机构整天给她打电话催债，甚至她的很多同学和亲友也收到了催债电话。最后，万分害怕的小荣连学校也不敢去了。

🛡 防骗要点 🛡

1

　　勿轻信任何陌生人。同陌生人交往时，如果涉及金钱往来、借贷事宜，千万不要被对方的花言巧语迷惑，要冷静思考，防止落入骗局。

2

　　要有正确的价值观。作为学生，学习是我们的第一要务。但我们在努力学习文化知识的同时，也要树立正确的消费观念，不可贪慕虚荣、盲目攀比，因为这样的思想有可能使自己陷入万丈深渊。

3

　　生活中要关注新闻，关注国家出台的和我们的生活相关的一些规定。比如，"校园贷"业务已经被国家明令禁止，从事该活动的都是非法中介机构或是骗子。无论是谁向我们推介"校园贷"，我们都应当立刻拒绝，并向学校、老师报告该情况。并且，未成年人没有贷款资格。任何对我们说我们可以贷款的人，都是别有用心的人。

4

要增强法律意识。我们生活在法治社会,要坚信"邪不压正",善于用法律武器保护自己的权益。一旦发现自己陷入骗局或处于自己无法解决的困境,要及时向家人、学校或公安机关寻求帮助。

小试牛刀

1.看到自己喜欢的某知名品牌推出了新款运动鞋,小飞非常心动,但是这双鞋太贵了,爸爸妈妈不同意给他买。小飞为了买这双鞋,通过同学介绍,准备偷偷向同学的叔叔办理"贷款"。这样做是(　　)的。

A. 正确

B. 错误

第三节　售卖真题勿上当

考试作为我们学生日常学习的一个环节，能够帮助我们查漏补缺，让我们的学习不断进步。倘若寄希望于不经努力就能取得好成绩，并且，面对重大考试时，不是踏踏实实备考，而是相信有渠道可以提前获得真题或者答案，那么，结果只会是"竹篮打水一场空"。因为诈骗团伙正是利用有些人想通过走捷径获得高分的心理，让人做出不理智的判断和行为，从而达到诈骗目的。

小鹏是初三的学生，面临即将到来的中考。小鹏的爸爸妈妈工作很忙，经常出差不在家。他们很信任小鹏，让小鹏自己管理自己的学习，自己照顾自己的生活起居。他们常给小鹏微信转账，让他买自己喜欢的吃的、用的，这样，小鹏手里有了不少零花钱。但小鹏此前一直对学习不怎么上心，成绩很不理想。

　　这个周末，爸爸妈妈仍然不在家。坐在书桌前的小鹏在思忖："虽然自己平时学习不上心，但中考迫在眉睫，自己无论如何也要考上高中啊！而且，不能辜负爸爸妈妈对自己的信任呀！"仿佛"心有灵犀"，正在想着中考这件事的小鹏接到一名自称是某教育机构老师的人的来电，说有内部渠道可以提前拿到今年的中考试题，并且已找人做出了答案，如果小鹏需要的话可以提供给他。小鹏被突如其来的"喜讯"冲昏了头脑，他毫不犹豫地加了"老师"的微信，以每科 1000 元的价格，向对方购买语文、数学、英语等共计 5 门科目的试题，迅速完成了转账。

小鹏转完钱后，这位"老师"称，刚才小鹏支付的只是试题费，而只有每科再交 500 元，才能得到这些试题的答案。于是，小鹏又给对方转了 2500 元。结果，对方给他发来一个加密的压缩文件，并称需要再交 1 万元的保证金，才能得到解压密码，保证金事后会还给他。此时，小鹏迫切地想要打开这个压缩文件，他顾不上多想，立刻给对方转了 1 万元。转账之后，小鹏立刻联系对方索要解压密码，但无论是发微信还是打电话，都再也联系不上对方了。此时，小鹏才意识到，自己被骗了。犹豫再三，他把这件事告诉了爸爸，爸爸听后立刻报了警。

　　事后查明，所谓的"中考真题"只不过是骗子从某练习册上抄袭的练习题，答案和压缩文件也只是骗子设计的骗局而已。

1

　　树立正确的考试观。诚信既是人生航行的船桨，也制约着人生前进的航线。我们要充分认识考试的意义及作用，既不轻视考试的重要性，也不夸大考试的影响力，要把考试作为检验自己的学习效果以及发现自身不足的一种途径，我们要以诚实的态度对待每一场考试。

2

　　提升明辨是非的能力。泄露、买卖有关考试的试题、试卷的行为，涉嫌违法犯罪。即便考生购买试题时没有上当受骗，但考生一旦参与购买涉嫌泄密的考试真题，轻则被取消成绩，重则把自己卷入违法的漩涡。我们平时要提升明辨是非的能力，并要从生活常识的角度判断该行为是否存在诈骗嫌疑，一定要杜绝走捷径和侥幸心理，这样才会减少上当的概率。

1. 一位即将参加中考的同学欲偷偷组织班里的同学合伙购买中考各科试题的答案，希望大家一起平摊费用，并要求大家严守秘密，绝对不能告知家长。这种做法是（　　）的。

A. 正确

B. 错误

第四节　课程链接恐有诈

　　现在，我们参加一些线上授课的情况越来越多，或者不可避免地要在网上完成学习任务，这也让犯罪分子发现了可乘之机，在线上课程的界面中通过非法手段植入不明链接，链接的内容需要我们认真鉴别，一定不要随意点击，否则，稍有不慎就可能掉入犯罪分子设下的圈套。

案例一

　　有段时间，因特殊情况，小博所在的学校经常通过网络进行授课。老师和学生通过相关的应用软件进行互联网教学。老师会将上课的链接发到班级微信群里，随后同学们点击链接进入课堂，开始上课。

　　一日，在课间休息时，小博发现电脑上跳出一个链接，他以为是下节课的链接，不假思索地就点击了。随后，电脑上跳转出一个网页，页面显示的是小博经常看到的某培训机构的宣传广告，说是注册即可获得数学学科内部资料一份。小博按照操作流程进行了几步操作，页面提示，获得资料前需要先向"××网络教育基金会"转账 100 元。小博毫不怀疑，立刻转了账。小博转账后，页面立刻出现一个"基金会工作人员"的微信二维码，需要小博添加。小博仍没有多想，立刻添加了该"基金会工作人员"的微信。

该"基金会工作人员"给小博打来语音电话声称，因为小博是未成年人，小博刚才的转账行为导致基金会账户中的 100 余万元被司法机关划扣，给单位和自己造成了巨大的财产损失和精神损失。这位"基金会工作人

员"以将会起诉小博的父母为由对小博进行要挟和恐吓，要求小博用父母的手机和他联系。小博被吓坏了，偷偷地把妈妈的手机拿了过来，开始用妈妈的手机与这位"基金会工作人员"联系，并在联系的过程中按照对方的指示，一步一步地操作，将手机屏幕共享给这位"基金会工作人员"。最后，该"基金会工作人员"利用小博，对小博妈妈手机上的银行卡进行相关远程操作并转账，导致小博的妈妈损失 15 万元。

案例二

某日，在读高一的小通上网课时无意间发现一个课程链接，好奇心驱使他点开了该链接，链接跳转到推荐一个虚拟货币的页面，页面中正有一位"投资专家"在

讲解这个虚拟货币，并声称该货币极安全，回报高且名额少。小通原本就对虚拟货币很感兴趣，现在，一下子就被"投资专家"的宣传吸引，于是，立刻添加了"投资专家"的微信，并将自己是未成年人的身份以及手中有5万元的事实全盘告知对方。

之后，"投资专家"让小通先投入少量的钱看看投资收益如何。小通抱着尝试和好奇的心态，先花100元购买了这个所谓的虚拟币。很快，小通就收到了来自"投资专家"转给他的150元的"收益"，小通非常开心。"投资专家"说目前是投资的机会期，机会一去不复返，让小通抓紧机会进行投资。小通随后又试了几次，也确实屡试不爽，自己投入的钱每次都有不错的收获。于是，小通将自己所有的钱都转给了"投资专家"，等待更多收获。但是，这一次之后，"投资专家"再也没有回信了，小通在微信上联系该"投资专家"，微信显示自己已被对方拉黑……小通这才明白：自己投资不成反被骗。

1

　　谨慎点击课程链接或其他不明链接。上网课时，评论区内的链接也有可能是不法分子伪装成同学或老师发布的。而且，老师也有可能存在被盗号的风险，因此，遇到上述类似情况时，要有警觉之心，必须慎之又慎。

2

　　一旦遇到被威胁、恐吓、利诱等情况，一定要保持理智，沉着、冷静地应对。与此同时，及时向老师以及家长反映情况，寻求帮助。只要保持头脑清醒和冷静，就不会轻易让坏人得逞。

3

　　谨慎回应"添加好友""共享屏幕"等请求，非必要不与他人共享屏幕，不让他人有机会远程控制自己的手机、电脑等电子设备。

4

　　不要轻易在视频软件内与陌生人聊天，更不要轻易向他人展示自己对银行账户等方面进行的操作，要注意保护个人隐私。

1.上网课时评论区出现另一课程的链接，跳转至不明App，此时不应当（　　）。

A.关掉跳转的网页

B.点开链接，发现是自己喜欢的明星，因此下载附带的应用软件

C.向老师报告评论区的情况

D.告诫同学不要随意点击链接

第五节　修改成绩勿轻信

　　考试成绩作为衡量学生学习成果的标准，牵动着学生、家长和老师的心。倘若有人声称能帮你修改考试成绩，你是否会选择相信并且进行尝试呢？

　　我们重视成绩无可厚非，但成绩仅仅只是我们在学习过程中某个时期的一个小小的结果。人生的精彩存在于我们日常努力耕耘的过程中。

真实 ⚡ 案例

　　大伟平时喜欢打游戏，对学习不上心，所以学习成绩不好。一到考试出成绩，他就常受到父母的责罚，因此，每次考试后都是他"渡劫"的时刻。

　　这天，大伟正在手机上玩游戏，屏幕上突然弹出一个"可修改成绩，绝对可靠"的信息。在大伟看来，这信息来得正是时候，因为昨天刚结束期末统考，自己的成绩肯定仍然不理想，肯定又要面对来自爸爸妈妈的"狂风骤雨"。于是，大伟便急切地想要修改自己的期末考试成绩。

大伟通过微信联系上对方后，微信另一端的人自称是电脑高手，可以为大伟提供"有偿服务"，侵入学校的教务系统，对大伟的成绩进行修改。为了让自己的成绩"好看"，免受父母的责罚，大伟不假思索地根据对方的指示，分两次转了 2000 元给对方。

对方收款之后，大伟发微信问对方什么时候会有结果，可是，微信显示对方已将自己拉黑。但因为不敢对父母讲这件事，大伟抱着"等成绩出来后看看结果"的心态，焦急地等待了 3 天。3 天后，考试成绩公布了，可大伟发现自己的成绩依然像以前一样低。意识到自己"竹篮打水一场空"——上当受骗后，大伟不甘心，希望能够偷偷地挽回损失。一阵思考过后，他开始通过网络搜索"网警"，想在不惊动父母的情况下报案，要回自己的钱。大伟通过搜索引擎，搜索并下载了一款"反诈 App"，填写了自己的相关信息。

很快，一名自称"反诈中心网络警察"的人和他互加了微信。在大伟陈述完自己被骗的事情后，对方表示非常同情，并让大伟提供微信转账的相关记录，他声称自己可以冻结对方账户，帮助大伟挽回损失。不一会儿，这位"反诈中心网络警察"便和大伟再次取得联系，告诉他已经冻结了对方的账号，但是对方的账户里有1万多元，不能直接转出2000元，而是需要大伟先转8000元给"反诈中心网络警察"，再由"反诈中心网络警察"将对方账户里的1万元转给大伟。大伟信以为真，立刻给"网络警察"转了8000元。结果，没想到又是一次"竹篮打水"，大伟打款之后，再也联系不上这位"反诈中心网络警察"了。大伟这才悔不当初，在家人的陪同下报了警……

防骗要点

1

    不法分子正是抓住考生想通过不正当途径修改成绩这种心理而设局诈骗。各类考试都有一套严密的防范体系和监管机制，考生切勿因有不正当的想法而上当受骗。

2

    通过非法渠道修改成绩是违规甚至可能涉嫌违法的行为。我们要遵守规则，并相信天道酬勤，只要平时认真听讲、努力学习，就可能收获好成绩，而不要抱有舞弊、侥幸心理，给骗子可乘之机。

小试牛刀

    1. 当认为自己的考试成绩不理想时，找（　　）沟通是可行的。

    A. 网上联系的"黑客"

    B. 老师

    C. 主动打来电话的教育机构

    D. 同学介绍的可以修改成绩的网络高手

缴费最好家人陪

即使是学生，我们也会遇到各种需要缴费的情况。当我们独立进行有关缴费时，由于缺乏社会经验，很可能被骗子的套路迷惑，骗子可能伪装成我们的亲人或者是我们信赖的人，让人真假难辨。但在对方提出转账请求时，如果我们有防范和戒备之心，及时联系家人或老师，从而确认对方的真实身份，骗子的谎言自然也就不攻自破了。

真实案例

案例一

文浩是一名高中生，也是家中长子。他的父母在外地务工，他和正在上初一的妹妹文霞两个人分别在不同的中学住校。一家四口居住在三个地方各自忙碌和奋斗，一般只在周末的晚上，一家人才会在微信中交流一下各自的近况。

平日，父母定期给文浩打款，由文浩负责替妹妹购买必需的生活用品、学习用品以及交纳有关学费、住宿费等。一天晚上，文浩收到妹妹发来的微信消息，说想报三门网课，并且自己已经和父母讲过了，需要文浩加网课机构老师的微信并缴费。之后，文霞就发给文浩一个微信名为"张老师"的微信号。文浩加上"张老师"的微信后，按照对方说的流程，给对方转了4740元。转账后，文浩给妹妹打电话问具体情况，可是文霞说她根本没想报网课，也没给哥哥发过微信。此时，文浩才知道自己被骗了，赶紧拨打110报警。

哥，我想报三门网课。

晓强在初中一直是班长，平时做事认真负责，学习成绩优异。考上高中后，根据学校的规定，晓强需要住校。父母认为晓强已足够成熟，为了锻炼他的自理能力，把他第一个学期的学费、住宿费和生活费都打到了他的银行卡里，由他自己办理有关手续。

开学前夕，晓强收到一条短信，短信的内容是学校需要学生将学费、住宿费汇入某银行指定账户，并附有一串银行账号。晓强想起之前领取录取通知书时，老师

确实说过开学后会收学费和住宿费，他以为收费流程提前了，就没有任何怀疑，没有告诉父母，直接将学费和住宿费转至该银行账户。

半小时后，晓强又收到一则短信，短信说需要将本学期的生活费也交由学校统一管理。缺乏社会经验的晓强无视手机短信中显示的安全提醒，没有犹豫，直接打开上述短信附带的链接，将生活费也转入链接中所显示的银行账户。就这样，晓强先后转出 5000 元。

直到开学后，晓强才知道学校并未收到学费和生活费，并且也没有发过相关短信。他这时才意识到自己被骗了。事后查明，晓强确实遭遇了电信诈骗，损失的5000 元很难被追讨回来了。

防**骗**要点

1

在收到有关让我们缴费的信息时，一定要保持谨慎，切勿着急转账，而要与老师、家长通电话或打视频以核实信息的真伪，不要不好意思或嫌麻烦。

2

不要随意点击陌生人发来的链接或扫描陌生人发来的二维码，如果聊天界面中出现安全提醒，一定要仔细阅读，谨慎操作。

3

用于网课学习的电子设备尽量取消绑定支付功能，或者设置安全性相对更高的支付密码。

4

切记：有困难，找警察。一旦在日常生活中遭遇诈骗，一定要第一时间保留支付记录等相关信息，迅速报警。此外，与犯罪分子的聊天内容等证据也要尽量完整留存，这样有助于警察掌握更多信息，从而提高破案效率，也更有利于追回财物。

小试牛刀

1. 某日，班级微信群里出现一个群收款二维码，内容是"支付住宿费"，但没有老师的说明等。下列做法最为不合适的是（　　）。

A. 向家长求证

B. 向老师求证

C. 向同学求证

D. 直接打款

第二章
网络交易诈骗

第一节 刷单返利勿相信

想象一下，你正在购物网站寻找一件心仪已久的商品。突然，一个诱人的广告出现在你的眼前，承诺在你购买某物后将获得高额返利。这看起来太美好了！但是，你是否想过，在看似无害甚至对于我们来说有利可图的事情的背后，或许隐藏着阴谋，极有可能是一场骗局的开始……

2023 年 9 月的一天，小罗的妈妈刘阿姨在家做午饭时，突然接到一个电话，电话那头的人自称可提供"福利兼职"，只要刘阿姨下载一个特定的 App，并通过 App 为指定主播投票、点赞，就可以轻松获得丰厚的佣金。刘阿姨心想："这机会好啊！我利用闲暇时间给主播投投票就能赚钱，这不是举手之劳吗？"这一看似诱人的机会很快在刘阿姨的心头生根发芽。

小罗的爸爸回家后，刘阿姨马上将这件事告诉了他，要他闲的时候也做这个"兼职"。小罗的爸爸嫌麻烦没理会，小罗提醒道："妈妈，要小心哪！最近电信诈骗可多了！陌生人让你转钱你可千万别答应啊！"刘阿姨嘴上答应着，心里一直想着赚钱的事儿。从那天起，刘阿姨按照指引，每天在 App 上签到，并完成投票和点赞等指定任务。她陆续收到几十到几百元不等的佣金，并在 App 上提现。这些收入让她感到异常满足，仿佛找到了一条致富的捷径。

不久后，刘阿姨接到一个自称是该 App"客服人员"的人的电话，这位"客服人员"说，由于刘阿姨的部分任务超时，刘阿姨即将错过后一轮佣金更高的任务，并面临不良记录和罚款。刘阿姨听到这些，心里着急了，急切地向"客服人员"表示想对超时的任务进行弥补，以顺利参与后一轮佣金更高的任务。于是，在"客服人员"话术的引导下，刘阿姨一心只想弥补之前的任务，她不断向"客服人员"提供的指定账户转账，小罗之前对她说过的"不要轻易给陌生人转账"的提醒早已被她抛在脑后。刘阿姨的转账金额逐渐攀升，直到 26 万元。当刘阿姨尝试对佣金进行提现时，发现根本无法提现，而与之通话的"客服人员"再也无法联系上。刘阿姨急得一下子瘫倒在沙发上，两眼泪汪汪……

防**骗**要点

1

要培养自己的定力，不要轻易被对方宣传的"好处"诱惑。如果涉及转账汇款，更要谨慎辨别，三思后行。

2

及时止损，不被对方"牵着鼻子走"。刷单骗局手段非常多，诈骗步骤常常环环相扣，会通过社交平台层层移转。一旦出现烦琐程序，更要提高警惕，立刻停止操作。

3

不被小利冲昏头脑，面对"大利"更要小心。刷单骗局一般前期任务较简单，骗子口中所称的"佣金"以及当事人付出的本金会被及时返给当事人，这是骗子为了获取当事人的信任，让当事人放松警惕，为大额诈骗所做的铺垫。

1.在上网时，遇到弹窗广告显示"高薪兼职群，入群免费领红包"，我们应该（　　）。

A.点开弹窗看看，满足一下好奇心

B.抓住赚钱机会，迅速进群

C.直接关闭

D.截图发给亲朋好友

2.我们于某天收到一个匿名快递，里面是一张礼品兑换券，券上印有二维码，我们应该（　　）。

A.不予理会

B.扫码兑奖

C.将快递送人

D.发朋友圈炫耀

3.好友向我们推荐刷单返利微信群，此时我们应当（　　）。

A.装作没有看见

B.拒绝并告诉其刷单返利的危害

C.直接删除好友

D.加入群聊并积极互动

4.刷单诈骗会对各种"任务"进行限时,其主要目的是( )。

A.让当事人放松警惕,更容易上当

B.制造更高的可信度

C.不给当事人反应时间,使当事人无暇思考、研判

D.给当事人提供更多的利润空间

第二节　物流客服要甄别

网络购物让我们的生活更便利了，但也暗藏风险，出现了一种新型诈骗模式——冒充物流客服类的诈骗。不法分子见缝插针，利用人们贪图小利的心理冒充物流客服，获取人们的信任，盗取个人信息从而实施诈骗。一个普通的电话、一条简单的短信背后也许隐藏着巨大的陷阱。

真实 案例

周末，18岁的小云接到一个陌生来电，对方称自己是某平台上某化妆品牌的客服人员，小云在其店铺购买的一款化妆品存在质量问题，可以获得商家89元的赔偿金。小云想到自己之前确实在该平台买过化妆品，但她对赔偿这件事有疑虑。但这位声称是客服人员的人语气坚定，并且准确地报出了小云的购物信息，打消了小云的疑虑，小云相信了。随后，"客服人员"要求小云下载并安装一个名为"××云会议"的App，以便更详细地沟通并解决问题。小云按照对方的指示照做了。

通过这个App，小云参加了一个线上会议，会议中，"客服人员"以专业的口吻介绍了化妆品质量方面的情况。之后这位"客服人员"告诉小云，为了解决问题和获得赔偿，小云需要先缴纳1800元的退款保证金，"客服人员"声称这笔保证金将和赔偿金一起全额退还给小云。于是，小云按照对方提供的信息，按照其指示，一步一步地操作，完成了转账。就在转账完成后的瞬间，客服中断了通话，并将小云从线上会议中移出。此时，小云才意识到自己被骗了，损失了1800元。

防骗要点

1

　　网购时，我们要选正规平台，并选择正规的支付平台进行支付。网购时如有疑问，要在官方网站上咨询官方客服。

2

　　陌生电话要警惕，手机屏幕共享要拒绝。骗子会通过屏幕共享，查看当事人进行支付时的银行卡、密码等信息，并且，在屏幕共享期间，骗子也会看到当事人手机收到的验证码，进而能够登录当事人的支付账号，直接进行操作，完成转账。

3

　　主动来电并声称对快递进行理赔、提升账号资质、取消手机有关业务等，这样的电话均为诈骗电话。如果购物时发生需要进行有关理赔的情况，我们均可以通过官方渠道进行申请，并要按照官方流程进行操作，不要通过其他渠道和途径，避免上当受骗。

小试牛刀

1.当你接到陌生来电，对方自称客服，声称你购买的物品被检验出质量不合格，其要向你支付相应赔偿金，此时你应当（　　）。

A.不着急挂断，先看看金额大小

B.不轻信，不盲从，通过官方渠道查证

C.向其询问自己的购物信息，确定其是否为官方客服

D.尽快根据客服的指示进行操作，拿回赔偿金

2.收到一条陌生短信，内容是"快递正在路上，点击链接查看物流详情"，应该（　　）。

A.回复信息，进一步沟通确定物流情况

B.从正规平台查看物流信息，对短信内容不予理会

C.点击链接，一探究竟

D.根据短信中的号码信息，直接打电话咨询

3.卖家声称包裹有问题，需要你提供银行账户信息以进行退款，此时你应该（　　）。

A.提供信息，积极配合

B.提供他人的信息

C.不予理会，通过官方渠道确定包裹情况

D.与卖家协商，请求通过其他渠道退款

第三节 "免费送、领"要提防

"无偿赠送""免费领取""远低于市场价"等字眼对人们有着天然的吸引力。贪图小利是人性的弱点，许多不法分子就以这些字眼为噱头，以有些人喜欢占便宜的心理为突破口，与目标人群建立联系，进而实施诈骗。

真实⚡案例

小雨的妈妈宋阿姨平时喜欢购物，尤其对自己能以极低的价格买到质量不错的产品而感到自豪。2020 年 3 月初，宋阿姨刷朋友圈时，突然发现了一则广告。该广告称，某商家开展周年庆活动，仅需 9.9 元就可以获得一份新鲜的高档水果，支持货到付款。宋阿姨看到这个广告时，两眼直放光，她一下子就被这个近乎免费的优惠价格吸引。她迅速扫描广告中的二维码，添加了商家的微信，开始订购水果。过了两天，宋阿姨还真收到了高档水果，这可把她乐坏了。

　　宋阿姨随后微信联系商家，看看有没有新的促销活动。商家告诉刘阿姨，今后时不时会有优惠活动，让她关注自己的朋友圈。

　　之后，宋阿姨又从这个商家手里买过几次水果，确实又便宜又好，由此，宋阿姨对这个商家产生了好感和信任。一天，她在该商家发的朋友圈中看到一组投资外汇成功、获得高额收益的截图，该商家声称投资外汇可以轻松致富，这可把宋阿姨看得心里直痒痒。好奇的她开始向该商家咨询投资细节。该商家热情地向她推荐了一款投资软件，提供了客服电话，让宋阿姨在软件上注册，以便进行投资，并告诉宋阿姨，这可是一个稳赚不

赔的好项目。宋阿姨毫不怀疑这位商家的真诚，马上拨打了客服电话，询问起投资细节。听了"客服"的解说，宋阿姨感到一阵兴奋，决定马上在这个软件上注册并投资 1 万元，心想：今天是什么好日子？这么轻松、难得的赚钱方法都让我给碰到了。

然而，到了"客服"当时在电话里说的收益提现的日子时，宋阿姨不但没有收到所谓的投资收益，而且，本金也无法操作退回，"客服"也联系不上了。一筹莫展的宋阿姨这才想到把这件事情告诉小雨的爸爸，小雨的爸爸一听，立刻断定宋阿姨这是上当受骗了，赶紧拉着她去派出所报案了。

1

多留心眼儿，小心求证。对于"免费"或"极低价格"的优惠，应该持怀疑态度，特别是短信或电子邮件接收到有关信息时，要么将其视为垃圾信息，要么仔细核实信息来源。

2

不明软件要提防。不要轻易在不明软件上注册并提供身份信息，不要点击来源不明的链接。

3

个人信息要保护。特别是个人的身份证号码、信用卡或其他银行账户信息。如果对方说因出于某种需要而必须获取个人信息，那么，我们首先要核实对方身份，切莫贪图对方承诺的赠品之类的小便宜。

4

要求付款需警惕。当被告知需要支付运费以获取免费赠品时，要格外警惕，免费的赠品通常不需要额外费用。

小试牛刀

1.你的朋友向你推荐了一个免费领红包的公众号，你最恰当的做法是（　　）。

A.关注公众号，及时留意动态

B.直接告诉朋友自己不需要

C.劝告朋友这个可能是骗局，应当谨慎

D.转发到自己的家人群里

2.在路上走着时，有推销人员对你说可以免费领取小礼品，但要在某软件上注册信息以帮助他完成业绩，此时你应当（　　）。

A.领取礼品，积极注册

B.领取礼品后让朋友注册信息

C.领取礼品，用自己备用的手机号码注册

D.委婉拒绝，保护个人信息安全

第四节　直播骗局需当心

当今网络直播吸引了无数观众。然而，某些看似充满欢笑，主播与观众热情互动的网络直播场景背后，却可能隐藏着阴谋和诈骗。

案例一

小李在手机上点击进入一个名为"奢侈品大放送"的直播间。主播是一位风度翩翩的男士，端坐在一张放满名牌包包、手表和珠宝的桌子前。这位男士滔滔不绝地谈论着奢侈品，声称今天是自己的生日，为了庆祝，要对直播间的观众进行一场豪华礼物派送。小李很快就被直播间展示的奢侈品吸引，他的目光停留在了一只皮包上。主播声称，只要观众在直播间留言，就有机会获得这个名牌包。

看到其他观众们争相留言，小李也热血沸腾，在屏幕上打下了留言。主播随机选择了一条留言，恰巧是小李的。主播称小李是今天的赢家，他很幸运，将要获得这个价值不菲的皮包，让他和屏幕上显示的助理进行联系。小李兴奋地开始与主播的助理私聊，准备领取这个皮包。然而，助理说为了确保这款名牌包能安全寄到小李家，需要小李支付手续费。小李有些困惑，但又不想失去这个难得的心仪的礼物，正当小李准备支付时，手机屏幕上出现来自警方的反诈短信……

　　19 岁的小赵今年刚考上大学，学习之余偶尔会浏览短视频。一天，小赵在浏览短视频时，看到一位美女正在直播，于是，他饶有兴趣地点击进入直播间，开始在评论区和这位主播聊天、互动起来。没过多久，沉醉其中的小赵突然收到一条直播间团队发来的私信，说如果小赵能给美女主播送礼物，帮直播间积攒人气，就有机会添加主播的私人微信号。小赵立刻心动，于是，他尝试着在直播间送出第一份礼物。果然，在那之后，主播和小赵在直播间的互动更多了，小赵更是不断给主播送礼物。没过多久，小赵收到主播的私信，里面有主播的个人微信号，小赵想都没想，立刻添加，与该主播成为微信好友。在对方的引导下，小赵陆续又在直播间刷了数个昂贵的礼物。

　　小赵加了主播的微信后也产生过怀疑：这个微信的主人真的是那位主播本人吗？抱着谨慎的态度，他通过微信询问了对方关于主播的一系列问题，但小赵发现对方对答如流，丝毫找不到漏洞。并且，为了消除小赵的疑虑，对方还主动要求视频通话。视频中，小赵发现对方确实是那位主播，小赵情绪高涨，逐渐放下了戒备之心，相信主播并不是所谓的骗子。在随后的聊天中，对方继续不断鼓动小赵在直播间刷礼物，也不时用暧昧的口吻感谢小赵的付出，小赵被迷得神魂颠倒。这天，主播发来的一条信息更加让小赵兴奋不已——线下见面。但是对方有一个条件，便是小赵要在直播间刷指定的高额礼物才可以见面。被兴奋冲昏头脑的小赵压根儿没有多想，立刻点开直播间，一转眼就为主播送上两个极为昂贵的礼物。小赵终于获得了线下见面的机会。

　　他早早地前往与主播约定的见面地点，然而等了几个小时也没有等来那位主播。当小赵想要通过微信询问对方时，才发现自己已被拉黑。

防骗要点

1

　　注意辨别，理性上网。在网上浏览信息时，面对诱惑要谨慎，当主播试图与自己建立亲密关系时，要保持警惕，因为很多诈骗都是以情感为诱饵的。虚拟世界的情感不可信，一定要理智。

2

　　情趣健康，绿色上网。在网上浏览直播时，要选择积极向上、富有正能量的直播间，要拒绝低俗趣味。不法分子往往隐藏在低质量的直播间里，他们将意志不坚定的人当作诈骗目标。

3

　　遇到私信，保持警惕。如果对方发来私信并谈及付款事项，我们一律不要相信，所有必要的、正当的交易必须通过正规渠道、官方平台进行。

小试牛刀

1. 你在刷短视频时，恰好看到了自己喜欢的主播，最恰当的做法是（   ）。

A. 理性观看，娱乐为主

B. 刷礼物表达对主播的喜爱之情

C. 企图私信主播，请求添加其联系方式

D. 在公屏刷屏询问主播的个人信息

2. 你的朋友在网上认识了一个主播，最近打算在平台充值给其刷礼物，此时你应当（   ）。

A. 和朋友一起观看直播

B. 支持朋友的爱好，询问朋友是否需要经济帮助

C. 劝告朋友适度充值，注意财产安全

D. 事不关己，默默走开

3. 带货主播给你发私信，要添加你为她的微信好友，要求通过个人微信进行交易，此时你应当（   ）。

A. 添加其微信，购物时通过其个人微信号进行转账

B. 拒绝添加，坚持在正规平台交易

C. 添加其微信，并确认商品质量合格后进行转账

D. 询问直播间其他人交易是否安全，再做决定

网络游戏骗局多

在网络游戏的世界里畅玩时也要注意自己虚拟资产的安全。一些不法分子把魔爪伸向网络游戏，利用游戏机制，打出各种诱人的幌子——"免费领装备""无限金币""高额经验"等，让玩游戏的人逐渐消除戒备之心，稍有不慎便成为诈骗的受害者，最终可能导致自己血本无归。

真实 ⚡ 案例

小林是个十足的游戏迷。一天，他正在手机上浏览游戏视频时，页面中突然弹出一条诱人的消息："只要加入××群，就能轻松免费领取限量版游戏皮肤！""这么好！"小林不禁大声喊出来，消息中显示的游戏皮肤，正是他梦寐以求的某游戏中某人物的装扮。"有了这个皮肤，班上的同学一定会羡慕我的！"他一边喃喃自语，一边迫不及待地点击链接进了群。进群后，一位自称是"群管理员"的人开始和小林私聊。这位"群管理员"给小林发送了一个二维码和几个精美的游戏皮肤图案，告诉小林："请你填写相关信息，以便把游戏皮肤顺利地发到你的账户里。""群管理员"要求小林扫描二维码并如实填写信息登录表。

"反正不用花钱，填个表就能领到皮肤，太好了！"小林满怀期待和兴奋，丝毫没有戒备，如实填写真实姓名、身份证号、电话号码、游戏账号……填到一半时，页面突然跳出一个提示框，声称小林的操作出现错误，必须在 30 分钟内进行紧急操作解除风险，否则将被处以 1 万

元罚款。小林大惊失色，立刻联系"群管理员"寻找解决办法。对方声称，因为小林是未成年人，所以会出现这种情况，经常有用户遇到这种情况，他让小林不要担心，他只需用父母的手机重新扫码，然后按照提示一步步地进行验证，就可以解除风险。

小林只想赶紧解决现在面临的问题，以需要在手机上完成某项作业为由要来了妈妈的手机，听从"群管理员"的指示，再次扫码并进行一系列操作。在这个过程中，他填写了手机收到的验证码，并4次扫码。当小林的妈妈事后察觉到情况不对时，卡里已经被转走了近4万元。

防骗要点

1

　　注意保护隐私，不随意透露。一些不法分子想方设法地窃取游戏玩家的个人信息，为诈骗做铺垫，所以，我们千万要保护好自己的个人信息，不要因冲动而透露。

2

　　"免费代打""低价上分"——诸如此类的广告宣传绝不能相信。面对这样的诱惑，千万不要失去理智。

3

　　交易游戏账号时一定要选择正规平台。如果对方以各种理由要求添加微信，或通过支付宝进行交易等都是诈骗。而所谓"账号解绑""需要交押金"等都是诈骗手段，更不能相信。

小试牛刀

1. 你在玩游戏时，有人在聊天框里发送"低价出售此账号，要的加微信"，你此时应当（ ）。

A. 低价账号可遇不可求，马上添加对方的微信

B. 先添加其为游戏好友，然后进一步咨询

C. 涉嫌广告欺诈，向游戏平台举报该聊天内容

D. 添加其为好友，然后辱骂对方

2. 游戏群里有人发布"免费帮刷副本"的信息，此时最恰当的做法是（ ）。

A. 添加其为好友，请求其帮忙

B. 在群里询问真伪

C. 联系群管理员，举报此行为

D. 向其提供自己的游戏账号、密码等信息

3. 你的同学想购买游戏账号，此时你应当（ ）。

A. 劝他在网上多搜寻"低价出售"的信息，以购买高性价比的游戏账号

B. 劝他在游戏里的聊天窗口购买账号，那里信息多

C. 劝他在官方的游戏交易平台购买账号

D. 将他拉到自己的游戏大群里进行账号交易

第三章
追星诈骗

第一节 加入后援会群要擦亮眼

网络时代，各类"爱豆"（idol 的音译，偶像之意）层出不穷，吸引着大家的目光。有自己喜欢的偶像非常正常，但要注意，追星要理智，否则，自己的某个出于善意的举动也可能惹下不小的麻烦。

2023 年 8 月的一天，小武在家玩手机时刷到自己喜欢的偶像的应援会群，群主称只要参加群里的活动就有机会见到偶像。随后，小武加入了名为"××爱豆签售会"的 QQ 群。小武从该群的公告中得知，只需交 3.33 元就能获得相应的粉丝福利回馈。

小武很是心动，马上用自己手机里的零花钱向群管理员交纳了费用。然而，正当他满心欢喜地盼望着得到粉丝福利时，一则消息却如晴天霹雳一般击碎了他的幻想——有人打来电话称："你的转账属于未成年人转账，导致我方账户上 6 万元资金被冻结。需要你支付解冻资金以对账户进行解冻，如你不及时支付该资金，我方将报警，你的父母会有牢狱之灾。你是马上支付资金还是等待我们报警，你赶紧考虑清楚。"

心急如焚的小武赶紧询问怎样才能支付解冻资金。在对方的引导下，小武添加了 QQ 群里的两个管理员为好友。对方声称，因为小武是未成年人，不能用他自己的手机支付资金，而需要用小武父母的手机支付，对方一旦收到解冻资金，就不会报警了。小武在内心苦苦挣扎一番，为了不让爸爸妈妈"坐牢"，他最终偷偷拿来

妈妈的手机，按照对方一步一步的指示，偷偷把妈妈手机上的钱转了过去。

后来，小武的爸爸下班回家后见小武情绪低落，询问发生了什么事。小武心中无法承受如此大的压力，将发生的事情和盘托出。小武的爸爸意识到小武遭遇了诈骗。为了及时追回损失，他立刻打电话报案。

经核实，小武共向对方转账9998元。警察告诉他们："这些狡猾的诈骗分子就是利用青少年对偶像的爱慕之心，诱惑青少年上钩，随后就展开一系列恐吓、诈骗活动。"

小武悔不当初，没想到自己支持偶像的一个小小的行为竟会闯出后面这么大的祸。

对于青少年来说，怎样才能避免上当受骗呢？相信记住下面这四句口诀，会对大家有所帮助。

少年追星要理性，金钱应援不可取。

陌生好友勿添加，不明群聊要警惕。

恐吓敲诈莫惊慌，及时报案要牢记。

防诈口诀心中记，父母家人更放心。

小试牛刀

1. 看到自己喜欢的明星的"粉丝应援群"二维码时，我们应该（ ）。

A. 将二维码转发给他人一起进群

B. 不进群，但是把二维码转发给他人

C. 直接进群

D. 不予理会

2. 面对"付费享受粉丝福利回馈"活动，我们应该（ ）。

A. 不予理睬

B. 进群试试运气

C.太棒了，立刻转账

D.有福同享，拉上好朋友一起参加

3.面对某些陌生人要求必须立刻转账的威胁，我们应该（   ）。

A.向对方求情

B.及时告知父母或报警

C.哭鼻子

D.给对方转账，花钱消灾

第二节　偶像联系勿当真

　　我们平时在社交软件上会看到很多当红明星的公众号、视频等，互联网的发展让我们有机会看到明星的最新动态。但是，关注明星一定要保持理性，以官方认证为准，因为一些诈骗团伙会伪装成社交平台上的"明星"。当有"明星""偶像"通过各种途径主动联系你或加你为好友时，你一定要当心，因为这极有可能是个骗局。

案例一

　　一天，初中生小迪写完作业后，开心地刷起了抖音。忽然，他发现自己喜欢的明星×××在抖音上发布了自拍照片。小迪看到后两眼放光，兴奋地发表评论："×××，你好美，今天也是元气满满的一天哦！"

　　评论完后，小迪继续刷抖音。忽然，小迪发现明星居然回复了自己的评论："小迪，今天你也要加油！"于是，小迪兴高采烈地在评论区与自己心心念念的明星聊起了天。随着聊天的深入，让小迪没想到的是：明星居然要加自己为微信好友！

　　小迪和这位明星加为好友后，点开了对方的朋友圈，发现其朋友圈发布的都是该明星日常的工作、生活照片和动态，照片中都有明星本人出镜，小迪对这位微信好友的身份更加深信不疑了。这位明星与小迪聊得热火朝天，并且把自己的电话号码告诉了小迪，总在电视上出现的、"高高在上"的明星居然如此接地气地与自己聊天，小迪激动不已，立刻拨打了电话。

对方接了电话，小迪听到电话里说话的声音和那位明星平时在电视节目中或视频中的声音一样，感觉今天与明星通话简直是上天赐予自己的礼物！忽然，对方话锋一转，说自己的手机马上要欠费了，很遗憾，马上就打不了电话了。小迪已经被明星的"朴实"冲昏了头脑，直接挂断电话给"明星"转账100元。

接下来的日子里，随着聊天的深入，这位"明星"陆续以各种理由让小迪转账，小迪深信不疑，且转账金额越来越大。直到有一天，小迪的妈妈发现自己银行卡余额不对（因为小迪的电子支付绑定的是妈妈的银行卡），仔细查看手机转账记录后发现了问题。妈妈向小迪了解了情况后立即报了警，警察最终将骗子抓捕归案。其实，电话那端所谓的"明星"实为猥琐大叔一个。

案例二

一天，初中生小涵在上网时发现了一位自己喜欢的明星的QQ号——QQ头像是这位知名明星的照片，QQ的名字是这位明星的名字，小涵认为自己在网络上偶遇了明星，马上迫不及待地加了这个QQ号，对方也马上通过，将小涵加为好友。这位"明星"在QQ上和小涵聊起一系列该明星参加过的活动，都是小涵之前在网上看到过的，小涵对这个 QQ 拥有者的身份深信不疑。"请多多支持，快来为我投票吧。"随后，该"明星"热情地让小涵为自己"投票"，向小涵发送了二维码和投票编码，并让小涵用妈妈的手机扫描二维码并输入投票编码。小涵在"明星"的指挥下，流畅地完成了"投票"。在"投票"完成（也就是扫描二维码并输入投票编码）的一瞬间，小涵妈妈的钱就进入了这位"明星"的账户。

当小涵意识到妈妈的钱被转走，想要申请退回时，这位"明星"声称小涵只要加入他的微信粉丝群，就会收到退款。"亲爱的粉丝朋友，前面无论是投票还是转账，

都只是为今后的粉丝福利做铺垫。我作为公众人物，肯定不会贪图粉丝的钱。"对偶像的爱慕之心以及今后有可能会得到"粉丝福利"的念头一起冲垮了小涵的理智，于是，小涵进入了所谓的微信粉丝群……那之后，该"明星"又以手续费、资金解冻费为由，不断诱骗小涵用妈妈的手机向其转账。小涵的妈妈损失共达 3 万多元。

经查，这是赵某、吴某、黄某三人联手策划的一场诈骗活动，他们利用头像为明星照片、呈现的是明星名字的 QQ 号，伪装成明星，并组建"××明星粉丝 QQ 群""××明星粉丝微信群"等，以发送投票码的方式，诱骗未成年人进行转账，实施诈骗。

◆ 防**骗**要**点** ◆

1

　　上网要谨慎。要擦亮眼睛，认真辨别账号，以免落入骗子的骗局。这些"高仿明星账号"会高度模仿正版明星社交账号的头像、签名等信息，让人误以为该账号就是明星社交账号的"正身"。但若仔细查看，会发现"高仿明星账号"与正版账号会有区别：这些账号往往会在其模仿的正版账号后面加上各种符号（如·、/、_、？等），并且也没有相关的官方认证标志。

2

　　追星要理智，来自对方的所有和钱财有关的请求要立刻拒绝。真正的明星是不会向你索要钱财的，若有"明星"想要添加你的联系方式，向你以各种理由索要金钱、让你转账，都是诈骗行径，你切勿向其转账。若"明星"联系你要求线下见面，你千万要拒绝，因为和你聊天的所谓的"明星"极有可能是狡猾的犯罪分子。

小试牛刀

1. "明星"向你索要联系方式时，你应该（   ）。

A. 立刻告诉其自己的联系方式并添加对方

B. 向其询问其联系方式并马上添加

C. 有福同享，拉上同学一起添加"明星"

D. 直接拒绝对方的请求

2. 当"爱豆"向你请求帮助，以各种理由要求你向其转账时，你不应该（   ）。

A. 不予理睬

B. 及时告诉自己的父母

C. 立刻转账

D. 及时联系警察，说明情况

第三节　购买"明星周边"产品要理性

　　有些同学在追星的过程中，可能一不小心就会遇到疑似"追星诈骗"的骗局。面对诈骗分子"恐吓＋引诱"等各种手段，我们需要一种什么样的心态才能够保护好自己，摆脱诈骗分子预设的陷阱呢？

　　15岁的小凡在手机上刷短视频时，无意间看到一条可以免费领取某几位明星的周边产品的短视频。几位明星中正好有自己的"爱豆"。小凡大喜过望，迅速按照短视频里的提示，扫码加入了一个群。

　　进群之后，小凡为了迅速融入群体，主动添加了群主、管理员，并且积极和其他粉丝在群里聊天，表达自己对某明星的倾慕之情。在和群友们打成一片后，小凡逐渐对这个群产生了归属感。某天，群主说小凡被明星抽为幸运粉丝，让小凡提供自己的收款码，之后会转账给她，让她用这笔钱通过群里发布的渠道去购买"明星周边"产品。小凡非常高兴，深觉幸运，立刻将自己的微信收款码发给了对方。不久，群主发来了付款成功的截图，但小凡迟迟没有收到这笔钱。

　　她很疑惑并向群主打探钱的去向，群主称系统监测到小凡是未成年人，这导致他们的银行账户被冻结了。群主非常愤怒，并威胁小凡，如果小凡不配合解冻账户，小凡父母的账户也将被冻结！

小凡被吓坏了，却又不敢将这件事告诉父母，可是自己也不知道该如何解冻。就在这时，群里的管理员贴心地表示可以通过视频通话的方式来指导她如何配合解冻账户。他对小凡说："你不用害怕，之前也有粉丝出现过类似的情况，你只要按照我的方法一步步去做，就可以让我们的账户解冻。"就这样，涉世未深、不知人心险恶的小凡在对方一步步的指引下，将父母的银行卡绑定自己的手机，多次向对方转账，转账金额达近万元。幸亏小凡的妈妈收到银行转账提醒，制止了女儿的行为，并报了警，事情才没有进一步恶化。

◆ 防骗要点 ◆

1

要保持冷静、理性，不主动与陌生人联系。

诈骗分子在行骗时，首先会实施诱导手段，以利诱人、以情动人，骗取青少年的信任，获取青少年的个人相关信息并引导青少年实施扫码、转账等行为，利用青少年对于与金钱有关的生活常识的欠缺，编造可怕的后果恐吓青少年。很多青少年因诈骗分子的恐吓而方寸大乱，心理压力过大，由此主动向诈骗分子寻求帮助，按照其要求进行转账。

2

一旦发现自己被骗，尽快联系家长或警察。要主动和家长交流，否则会一步步更深地陷入犯罪分子的圈套。可以在家人的陪同下积极向公安机关举报，让犯罪分子受到应有的惩罚。

小试牛刀

1. "粉丝应援群"中的管理员等以"应援、领周边"等理由提出让我们转账给他或者由他转账给我们时，我们应该（　）。

A. 欣然接受

B. 直接拒绝

C. 大喜过望并且表示"我要给更多"

D. 犹犹豫豫，继续联系

2. 面对"冻结账户""公检法人员、律师将要提起诉讼"等语言和恐吓，我们应该（　）。

A. 大惊失色，主动向对方询问应该怎么做并且积极汇款

B. 询问具体原因并进行解释

C. 主动汇款，大事化小

D. 保持理性，立刻报警

3. 如果已经完成转账但是突然意识到自己被骗了，我们应该（　）。

A. 狂怒，自怨自艾

B. 及时告知父母并且报警

C. 哇哇大哭，认为世界背叛了自己

D. 继续给对方转账，恳求对方能返还一些钱财

第四章
冒充诈骗

冒充学校工作人员或老师

信任，是一种很好的品质，但我们要牢记，对于信任的对象要有所区分和鉴别。因为犯罪分子会对身份进行伪装，用通常比较容易获得人们信任和人们容易对其产生好感的身份去获取他人的信任，骗取金钱、感情等。

要记住：防人之心不可无。即便对方说自己是学校的老师，也要仔细辨明其身份，防止上当受骗。

9月开学季，小新的妈妈带着他一起去报名，按照班主任老师的要求，小新的妈妈扫描二维码，加入了新生家长群。

回家后，小新的妈妈看到班主任在群里发了一条需要交纳学杂费的信息，并附上收款二维码，很多家长发了支付成功的截图。小新的妈妈积极配合班主任的工作，也迅速进行了支付。当天下午，小新的妈妈突然看到班主任在群里发了一条新信息："各位家长，请提高警惕，谨防网络诈骗。上午在群里以学校的名义发起的群收款，虽然微信头像以及名字和我的微信完全一样，但不是我发起的，我上午一直在开会。我已截图并报警。请大家务必加以警惕，不要轻信。"小新的妈妈马上联系班主任核实情况，这才得知学校上午并未发起所谓的群收款，而是群里有人冒充班主任发起群收款。

经查，这是一伙骗子通过不正当手段获取班级群二维码后，以新生家长的名义偷偷混进群里潜伏，伺机实施诈骗。一旦觉得时机成熟，其中一个就将自己的微信

头像和名称修改成和班主任的一模一样的，然后找准时机冒充班主任发收款码，要求家长通过该收款码交纳学杂费等。而其余几个伪装成学生家长的骗子，则立刻响应，上传支付成功的截图，骗取其他家长的信任。

　　而小新的妈妈和其他几位家长看到收款的信息以及支付成功的截图后，没有任何怀疑，立刻识别收款码，把钱支付了过去。就这样，短短十分钟内，就有多名家长进行支付，并在群里发送了支付成功的截图。真正的班主任开完会后发现了问题，马上报警并提示家长，但是，此时，骗子已经退群了。

🛡 防**骗**要点 🛡

1

    提高警惕，凡事要三思而后行，特别是涉及金钱的事情，一定要先确认再进行转账操作。

2

    学校的老师和学生家长之间涉及金钱往来，最好先进行双向沟通，核对确认后再进行支付。本小节的例子中，骗子利用的就是家长对老师的信赖以及从众心理。日常生活中，如果遇到这类情况，一旦有所怀疑和犹豫，一定不要不好意思，而要核实清楚，可以及时与班主任进行沟通。

小试牛刀

    1.新学期开学，校门口的小贩说扫描支付宝二维码，免费送新文具，你应该（　　）。

    A.立刻扫码，领取免费的文具

    B.邀请身边的同学一起扫码，并将这个好消息告诉更多同学

    C.先扫码领文具，回家之后再告诉爸爸妈妈

    D.天下没有免费的午餐，不轻信陌生人，不贪图小便宜

2. 下午放学回家的路上，辅导机构的老师邀请你去机构里试听一节课，听完之后送你小礼品，而且报名有优惠，你应该（　　）。

A. 抱着试试看的心态，先去听课

B. 反正只要听课就可以领礼品，邀上小伙伴一起去听

C. 第一时间告诉父母，并让父母为自己报班

D. 如果自己有兴趣尝试，就要先告知父母，请父母核实兴趣班是否正规后再去了解和尝试

3. 学校和老师经常会通过线上渠道发些通知，以下（　　）是可信的。

A. 自称是班主任的 QQ 消息

B. 学校公告栏

C. 自称是学校的陌生电话

D. 自称是老师的陌生短信

第二节 冒充快递员

　　年少的我们，对社会、生活中的很多事情有所了解，但是我们学习和生活的环境相对单纯，我们对社会的复杂程度了解得还不够多，对陌生人的戒备心理也比较弱，有时候容易轻信别人。比如，快递员经常出现在我们的生活中，和我们的生活产生交集。但是，你知道有假冒快递员的诈骗行为吗？让我们一起来识破假冒快递员的骗术，日常提高警惕，保护自己和家人。

案例一

　　上中学的小林在网上购买了一款电子运动手表，小林怕收到的货有瑕疵，为保险起见，选择了货到付款，打算验过货之后再付款。没想到物流很快，第二天下午快递员就送货上门了，由于小林上学不在家，没办法亲自验货，就由奶奶帮忙代收。奶奶向快递员支付了984元，然后把快递放在一边，并未拆开。

小林放学回家后，拆开了快递，却发现快递的盒子里只有与手表重量一样的包装盒，没有手表。小林立刻查看自己的购物记录，发现自己购买的手表还未发货。愤怒的小林立刻联系了商家，商家表示并不知道小林所说的事情的具体情况，但小林购买的手表确实还未发出，商家建议小林立刻报警。小林此时意识到自己被骗了，立刻报警。

经查，出现这种情况是源于一些诈骗团伙在网上通过不法途径掌握了一些人的购物记录，从中专门选择"货到付款"的消费人群，并组织有关人员冒充快递员送货上门，送来空包裹，骗取款项。

　　小丽常常网购，可谓网购经验丰富。某天，小丽的QQ收到一个添加好友的申请，对方称是支付宝的客服，说小丽网购的商品丢失了，需要对小丽进行理赔。

　　一开始，小丽对这个人有强烈的怀疑，因为在之前了解过的防诈宣传里，也出现过类似的案例。但是，当对方准确地报出小丽的购买信息和收货信息后，小丽心想："莫非这个人真的是淘宝客服？要不我再问他一些问题，看看他知不知道。如果他真的知道，那么理赔的事估计是真的。"小丽随后问了对方一系列问题，客服都对答如流。小丽确信对方的身份无疑，并愿意进行理赔操作。

随后，对方将小丽拉入一个群，让其打开支付宝扫码，开始一系列"理赔操作"。小丽在对方的"帮助"下，在不明网站中输入支付宝账户、联系电话、验证码等信息，随后小丽就发现支付宝内的钱被转走了 1000 元。

防骗要点

1

网购时，收到货物后要第一时间查看该笔网购记录以及购物平台上的物流信息，不随意签收来路不明的包裹，更不能在不知道包裹内容是否属实的情况下付款。

2

加强防骗意识，应当及时将异常情况或心中的疑虑告诉父母等。我们并没有独立的经济来源，父母给我们的钱来之不易，我们在处理与钱财相关的事情时，应当谨慎，三思而后行。

小试牛刀

1.当我们接到购物平台客服的电话说我们网购的产品有质量问题，需要我们按照客服要求提供银行账户以便退款时，以下（　　）做法是正确的。

A.按照客服要求，提供银行账号

B.进入客服提供的链接，并按照要求输入银行账号和密码等

C.立刻登录购物平台官网核实有关信息

D.在客服说出自己所购商品的特征时，相信客服，并按照客服指示的步骤申请退款

2.当有自称是快递员的人给你打电话，告诉你有一个快递需要你及时签收，否则将收取延时签收费用时，你应当（　　）。

A.立刻签收，并支付相应的快递费用

B.让快递员帮自己签收

C.核实自己的网购记录，核实是否真有包裹寄到

D.让家人替自己签收

3.以下（　　）可能是骗局。（多选）

A.某网店打出"只要给好评就免单"的广告语，承诺刷单越大返利越大

B.一店家以网站交易系统出现故障等为由，要求买家直接与卖家客服通过手机银行、微信或支付宝转账等方式进行交易

C.网店声称为回馈用户进行抽奖，承诺中奖后免单或送大额代金券

D.在某购物节，一网络贷款平台打出提供"无抵押、低利息、无限额"贷款服务的广告，为消费者提供购物节低门槛贷款服务

第三节 冒充朋友

　　每个人都有自己的朋友圈，特别是同窗共读的同学，相处得很好的话就会发展成好朋友。既然是自己的朋友，我们会非常关心和信任对方。如果有人冒充我们的好朋友对我们进行诈骗的话，就很容易得逞。

　　高三学生陈小白收到一条短信："陈小白，这是咱们上次聚会的照片，好温馨哦，你快点开看看吧。链接：https://www.××××××。"陈小白以为这是初中同学发了暑假时初中同学聚会照片的链接，他赶紧点击链接。但点开后并没有出现聚会的照片，只有不停转圈的图标，陈小白点击了几次都没有成功，他以为网络不好，于是关闭了网页，想着过段时间再点开。

　　几天后，陈小白发现自己网银里的1000元不翼而飞。

陈小白十分纳闷儿，他自认为平常的防范意识是很强的，只要自己不主动转账，是不可能被骗的，但自己的钱是怎么不见的呢？陈小白果断选择了报警。

经查，陈小白前几天收到的关于照片的短信中的链接是一条木马病毒链接，陈小白点击链接时，他的手机被诈骗分子远程植入了木马病毒，木马病毒程序可以在手机后台监视手机中的各种活动，并将重要的个人信息发送给诈骗分子，诈骗分子得到陈小白的网银账户信息和转账密码后，就轻松地转走了他网银中的 1000 元。

防**骗**要点

1

　　在上网过程中要保护好个人隐私，不随意暴露自己的姓名、电话、住址等个人基本信息。收到陌生号码发送的短信链接，一律不能随意点开。有些木马病毒会自动向手机通讯录中的电话号码发送含有木马病毒的短信，从而使更多人受骗。

2

　　木马病毒短信不但冒充同学、老师等身份，还常常结合当事人的个人特征，设计各种诱惑性语言，引发当事人的好奇心，诱使当事人进入其圈套。因此，面对陌生号码发来的各种看似和自己有关的信息，一定要认真甄别，避免蒙受损失。

1.同学珊珊在QQ上向欣婷发消息，说自己的手机停机了，请欣婷帮忙充30元话费，并附带了一个充话费的链接，此时欣婷应当（　）。

A.是同学就应该互相帮助，立刻帮珊珊充话费

B.无视该消息，假装没看见

C.跟珊珊继续闲聊两句

D.直接打电话联系珊珊，确认其是否真的停机了。即使对方是同学身份，也不轻信，不随便打开任何发来的链接

2.高中生文文打游戏时收到来自游戏大厅的一个叫"江湖第一手"的玩家的加好友申请，其称自己是文文的初中同学王奇，现在是游戏代练，能帮文文在游戏中打上最高等级，并且有途径能帮文文获得免费的游戏皮肤，此时文文应当（　）。

A.与其交谈一番，叙叙旧

B.因为太想要游戏皮肤了，所以通过王奇的申请，和王奇一起打游戏

C.立刻核实对方身份，打电话给王奇确认他的现状

D.把自己的游戏账号交由王奇，让他帮自己打

3. 以下（　　）做法是正确的。

A. 为表现自己很大方，观看网络直播时，慷慨地刷礼物

B. 在上网时，对待陌生网友保持警惕，不随意向其透露自己的个人信息

C. 因担心爸爸妈妈不允许，在不告诉任何人的情况下，偷偷与网上认识的好友在线下见面

D. 和网友聊天时，提起自己的住址、电话号码以及最近网购的好物

　　在冒充警察诈骗的案件中，诈骗分子一般通过聊天工具主动与当事人连线，向当事人展示证件、办公室、制服等，取得当事人的信任，然后通过向当事人发送逮捕证、通缉令等方式，或通过告知当事人涉嫌重大刑事案件等方式进行恐吓，利用公检法的威信力击破当事人的心理防线，使其陷入恐慌，失去理性判断，然后再以需要当事人配合各种调查为由，循序渐进地向其索要银行卡号、验证码等信息，最终达到骗取钱款的目的。

真实　案例

　　暑假期间，阿欢的妈妈向警方报案，称遇到了假警察，自己被骗了 3 万元。

　　事情的经过是这样的。

　　那天下午，阿欢的妈妈在厨房忙着做饭，阿欢玩着妈妈的手机，突然刷到一则令他心动的信息：发送私信，添加对方微信即有机会领取一部新款高端手机，外加666元的红包。

阿欢很想拥有一部属于自己的手机，看到信息，他毫不犹豫地加了对方的联系方式，并按照对方的要求进行扫码操作。这时，手机屏幕显示出一个界面：您涉嫌违法犯罪，请立即配合警察处理。阿欢心头一阵紧张，生怕自己正在做的事情会给家里带来什么不好的影响。这时，一个头像上身穿警服的人打来视频电话，他自称

是警察，称阿欢泄露了他人隐私，涉嫌违法犯罪，要求他立刻配合其调查，否则将通知当地公安机关对阿欢的父母进行刑事拘留！听到这番话，阿欢大惊失色，他十分害怕，不敢把这件事告诉妈妈，马上表示愿意配合警方调查。在"警察"的指示下，阿欢进入一个聊天群，和其中一个人进行视频通话，分享自己的手机屏幕，关注了一个陌生的账号，再一步步打开支付软件，准备缴纳"警察"所说的"保证金"。对方继续说，调查结束后，会将保证金原封不动地退回账户，让阿欢不要担心。于是，阿欢按对方的要求转出 3 万元。

　　生活中，除了像阿欢遇到的冒充警察进行诈骗的形式，还有冒充检察官、法官等进行诈骗的案例，骗子行骗时，会以当事人涉嫌犯罪为理由，以传唤、逮捕等方式进行恐吓，引诱当事人将资金转入诈骗人所说的"安全账户"。

防**骗**要点

1

　　遇到令自己震惊的事情时要保持头脑清醒，沉着应对才有可能不被骗子牵着鼻子走。

2

　　不要轻信任何自称执行公务，要求我们提供个人信息、个人账户的来电或短信。公检法机关办案有严格的法律程序，不会让当事人向所谓的安全账户转账，不会要求当事人在通话时进行转账，或提供验证码、密码等，更不会通过互联网传递法律文书。

3

　　可以拨打官方报警电话"110"来核实对方来电中所说的一些信息。同时，我们要管理好自己的手机、电脑等电子产品，对于支付方式、支付密码等要进行安全级别更高的加密处理。另外，在进行一些大额开销时，必须告诉父母，让父母帮助我们更好地做出判断，从而避免造成不必要的损失。

小试牛刀

1.暑假期间，初中生晓宇在家写作业时接到了自称警察的人打来的电话，说他的父亲作为犯罪嫌疑人已经被取保候审，需要立刻缴纳保证金，在此情况下，晓宇应当（　　）。

A.立刻按照电话中"警察"的说法，想办法支付保证金

B.按照"警察"所说的程序、步骤，证明自己父亲的清白

C.提供家庭住址、家庭成员信息等，以协助警察办案

D.立刻拨打报警电话"110"，核实此情况的真实性

2.瑛子走在放学回家的路上，一位自称警察的人上前，声称瑛子是某个刑事案件的目击证人，询问瑛子的身份证号、家庭成员以及家庭住址等，此时瑛子应当（　　）。

A.要他出示警官证以及相关证明，在他无法自证警察身份时拨打"110"报警

B.把爸爸妈妈的电话号码给他，让"警察"跟爸爸妈妈交流

C.配合"警察"的询问，将自家的详细情况告诉他

D.按照"警察"的引导，努力回想这几天自己所看到的人和事，并留下自己的联系方式以协助"警察"办案

3. 当你看到手机上有"96110"这一来电时，正确的观点和做法是（　　）。（多选）

A. 这是我国的反电信网络诈骗专用号码

B. 这是全国统一的、用于对群众的预警、劝阻和防范宣传的专用号码

C. 接到此号码打来的电话，务必接听

D. 如果发现犯罪线索，可通过此号码进行举报

第五章
旅游诈骗

第一节　"机酒"改退要注意

　　一些同学常常利用寒暑假时间探索祖国的大好河山，其中相当一部分人是与同学或好友结伴而行的。旅行中不再有家长的殷切叮嘱，不再有老师的全面看护，自己购买机票或火车票，预订酒店，整理行囊，踏上旅程……独立旅行，也可让我们成长。但是，美好的旅程也存在受骗上当的风险，我们对旅程的期待之情以及踏上旅程的兴奋之情有可能使我们放松警惕，让我们看不清诈骗分子的险恶居心。

　　2023年暑假的一天，小周突然接到一个电话。对方称自己是航空公司的客服人员，并称小周将要乘坐的航班时间有更改，就其造成的不便向小周道歉，并告知小周航空公司将向小周支付一笔航班延误金。小周确实在几天前和同学订了前往敦煌的机票，并且电话中客服提到的和机票有关的问题以及所提供的工号都不像是假的，便不再怀疑。

该"客服人员"告诉小周，需要小周先向航空公司指定的单位账户转 9100 元的保证金，之后才能办理航班延误金退款手续。该"客服人员"告知小周，这个指定的单位账户收到来自航空公司的航班延误金汇款后，会将航班延误金连同小周转入的 9100 元的保证金一同返还给他。该"客服人员"给了小周一个账号，并指示小周下载一个软件，耐心地指导小周向这个单位账户转了 9100 元。

小周在转款成功后的第二天联系该"客服人员"，确认航班延误金的事情。该"客服人员"说，预计相关款项会在 3 个工作日内到达小周的账户，希望小周耐心等待。可是，小周在 3 天后并没有等来所谓的航班延误金，却接到了来自"96110"反电信网络诈骗的电话，小周这才发现自己被骗了。

◆ 防骗要点 ◆

1

　　如果航班因故延误，航空公司会通过官方电话或短信进行通知，不会用私人通信设备与客户联系。因此，我们如果遇到案例中的情况，如有疑问，一定要通过官方电话、网址等联系方式联系票务提供者，切勿随意点开陌生链接。一旦接到内容为以上述名义请求添加微信、共享屏幕等的来电，一定要果断挂断电话。如果无法确信对方是否可靠，可以先回绝对方的要求，挂断电话，然后通过官方途径核实。

2

　　警惕陌生来电，防范陌生短信。诈骗分子往往会准确报出接电话的人的个人信息，并以对当事人有各种好处为由博取当事人的信任。我们在接到陌生来电或收到陌生短信时，务必持怀疑态度，时刻注意对方提出的要求是否有可能对我们造成损害。

3

　　不要按照陌生人的要求随意下载第三方软件。有时诈骗分子会要求我们下载第三方软件，可能是通信软件，要求我们共享屏幕；可能是借贷软件，要求我们按照指示刷脸，输入密码、验证码等。当我们回过神儿之后，面对的可能就是财产损失、莫名其妙地产生贷款等后果。

4

要注意软件名称。各大航空公司有正规的软件、小程序等，当我们对支付款项或软件产生怀疑时，要立即停止支付，进行进一步核实。

小试牛刀

1.在现实生活中，当我们收到陌生短信，要求我们点击其所附的链接时，我们应该（ ）。

A.不假思索地点击链接

B.坚决抵制，直接忽视

C.谨慎核实后再做决定

D.将链接转发给其他人

2.接到某些客服电话时，我们可以按照（ ）的提示行动。

A.对方要求互加QQ好友，共享屏幕

B.对方要求我们下载某个陌生软件

C.对方要求根据提示刷脸、输入支付密码

D.对方提示航班取消，请在官方App、官网、微信公众号或者官方小程序办理改退，如有疑问请拨打官方客服热线

3. 以下（　　）是真正的客服。

A. 通过官方客服热线联系，普通话标准，在线操作解决问题

B. 说话带较重的口音

C. 反复向你强调在通电话时，你身边不能有其他人

D. 面对你的质疑，报出你的身份证号码等个人信息以证实来电的可靠性

第二节 低价出票要警惕

世界那么大，我们都想去看看。心中憧憬着远方的风景，想要马上踏上旅程的人有时会被"价格优惠""名额有限"等套路诱惑，落入诈骗分子精心布置的陷阱。我们一定不要因所谓的低价、诱人的折扣而兴奋得失去理智，一定要在正规渠道购票，保证自己的人身和财产安全。

真实 ⚡ 案例

2023 年的寒假，高中生小荷想去某个非常热门的景区——××度假区，但该景区一票难求，早就被预订一空。于是，小荷在自己所在的某旅游资源 QQ 群内向群友询问是否有人可提供该景区的门票。随后，一个陌生的 QQ 号便联系小荷，称自己是该景区的工作人员，可以以低于市场价的内部价格向小荷出售景点门票。小荷不敢轻易相信陌生人的留言，便回复说："我怎么知道你这个票是不是真的？我再考虑考虑。"一会儿，群中显示为群主的 QQ 号向小荷发起好友申请。小荷看到这个账号是群主，觉得还算可信，便通过了对方的申请。

　　在群主的组织下，小荷和群主以及刚才回复自己信息的人另组成一个小群，商谈门票的事。"小荷，我是群主，这位卖票的是我的一个好兄弟，他确实是××度假区的内部工作人员，并且你到手的票价可是正常票价的八折呢！这么好的机会能不要？放心吧，我去年也用这个内部价的票去那儿玩过，确实是真的，那个景区确

实值得一去，事不宜迟，珍惜这个机会吧！"在群主的劝诱下，小荷放下戒备之心，同意购票，并为将要和自己同去的朋友也买了门票，通过支付宝给对方的银行卡转了 2000 余元。

可是事后，小荷迟迟未收到对方允诺的门票，当她再登录 QQ，准备询问对方时，发现自己早已被拉黑，而自己也被群主移出当时所在的旅游资源群。她这才发现自己被骗了，随即选择报警。

通过第三方购票，看似简单的过程实际上隐藏着风险。一般来说，当事人上当受骗，也许是因为过于信任自以为熟悉的网络上的"朋友"，也许是因为希望以更低的价格取得门票，等等。无论哪种原因，都有可能使我们陷入诈骗分子的陷阱。比如，像上述案例中，当门票的价格低于官方售价时，我们尤其需要谨慎。有时，确实有他人以内部价格出售门票的情况，但是让我们遇到的可能性较小，更有可能的是我们的钱即将落入诈骗分子的钱包。

1

购买各类物品均须认准正规渠道，勿贪一时之便、一时之小利。比如购买门票，网络的发展为我们购票提供了许多便利，也有可能提供优惠，但同时也让我们更加难以辨别诈骗分子的诈骗手段。我们能做的只有尽量通过可靠途径购买门票。切莫因一时兴奋等，给犯罪分子可乘之机，落得票财两空的下场。

2

天上不会掉馅饼，主动询问要当心。有些事情，在我们看来是巧合，其实是有人故意为之，打着让人"惊喜"的名号实施诈骗。陌生人主动和我们沟通，极有可能存在某种不正当的意图，遇到这种情况时，我们一定要谨慎。

3

二次汇款有问题，及时报警勿犹豫。不少诈骗分子在第一次诈骗成功后，会以未收到汇款或转账等为借口，要求当事人再次汇款或转账，从而使有些人一次又一次地受骗。因此，若一时不慎，已经将汇款转至对方账户上，对方却要求再次汇款或转账时，切莫留恋已支付的款项，要当机立断，立即报警，勿与对方再有任何金钱往来。

小试牛刀

1.取得门票正确的渠道是（　　）。

A.通过网上刷到的链接购买门票

B.购买他人在社交平台转让的门票

C.通过朋友推荐的朋友购买门票

D.通过官方网站购买门票

2.在买不到门票，但有陌生人向你转售门票时，你应该（　　）。

A.果断拒绝

B.果断购票

C.推荐他人购买

D.谨慎购买

3.在购买门票时，应该做到（　　）。

A.通过正规途径购买

B.向对方转账后，对方告诉我们没有收到转账时，我们深信不疑，立即再次转账

C.转账后对方失联，我们产生财产损失，但是因为难堪，不愿告知父母、警察，独自承受经济损失

D.第一次在非正规途径购票成功后，第二次仍通过非正规途径购买

第三节　找"旅游搭子"要当心

当今社会流行各种"搭子"，在旅行时找个"旅游搭子"既能节省一些费用，也可能结交到志同道合的朋友。作为青少年的我们，在校园中，对于自己的同学和朋友，可以真诚相待、礼尚往来。但我们缺乏社会经验，所以对于校园以外的陌生人不可轻信。盲目寻找或轻信所谓的"旅游搭子"，极有可能害了我们。甚至，有时我们已经尽可能做到了审慎交友，仍然存在被欺骗的可能。在旅途中，财产遭受损失尚可接受，但若因结交"旅游搭子"而受到人身损害，则得不偿失，令人后悔莫及。

大部分诈骗行为都经过了精心谋划，且目标明确，诈骗分子通过各种借口、手段骗取当事人的信任，才能诈骗成功。但以"旅游搭子"的名义进行诈骗，所需的

成本、设备较少，诈骗手段也极为简单。因此，部分诈骗分子只要打着"一同旅游"的名义，往往就可以轻松骗取当事人的信任和财物。

2021年的夏天，中考结束的小章想要独自出门旅游，既放松一下心情，又历练一下自己。他在微信上自己所在并一直关注的一个旅游群中发了一条想去某地旅游的信息，看看能不能找到可以一起去的"旅游搭子"。

不一会儿，就有一个自称为当地人的"关××"主动加小章的微信，并附上一句留言："小章，你好，我叫关××，听说你要来××旅游，我就是当地人，我对这里很熟悉的！我想结交新朋友，希望能和你一起逛逛。"

小章看到消息后大喜，便通过了关某"添加为好友"的请求。在微信上，关某先是主动介绍自己的个人信息，并通过展示自己的日常生活使得小章逐渐放下了戒备之心。之后，关某通过旁敲侧击的询问，了解到小章的家境非常殷实。

　　小章到达目的地后，关某主动前往高铁站接小章，并且还帮他提行李，主动帮他推荐酒店并规划好之后的行程。这一系列举动逐渐提升了关某在小章心中的好感度，渐渐地，小章放下了防备之心。

　　旅行的前几天，他们确实玩得非常开心。就在小章要走的那天，关某在送小章前往高铁站的路上接了一个电话，关某说是酒店打来的电话，酒店前台说小章的某样贵重物品落在了酒店，因此关某提出他在高铁站帮小章照看行李，小章马上打车回去拿他的东西，没准还能赶得上高铁。小章照做了。可是，打车返回酒店的小章找酒店前台询问，酒店的前台却说并没有听说他有东西落在这儿。而这时，小章怎么也联系不上关某了：电话打不通，微信也显示被拉黑。小章返回高铁站后也看不到关某的身影和自己的行李了。着急的小章这才发现自己被骗了，连忙去派出所报警。

　　经查，家住××市的关某是以"结伴旅游""旅游搭子"为名进行诈骗的惯犯。这次，关某以之前的行为做铺垫骗取小章的信任，然后在最后一天以为小章保管贴身财物的方式，骗取小章随身物品共计6500元。

警察对小章说："虽然你遭受了财产损失，但幸运的是你只遭受了财产损失。事实上，有许多人在结交所谓的'旅游搭子'时，因不慎而上当，受到犯罪分子的侵害，失去的是自己的健康乃至生命。"小章这才感到阵阵后怕。

防骗要点

1

　　警惕陌生人社交，确保人身财产安全。在网络社交发达的环境下，不少不法分子通过网络社交平台与他人建立关系，借一起旅行的名义，趁机骗取财物，或者诱骗他人从事不法行为，甚至危害当事人的人身安全。不法分子的欺骗形式主要有：谎称组织旅行团，一同旅行，趁机骗取财物；借旅行之名，实则推销；等等。在旅行时，应避免自行与陌生人组建旅行团队，而应选择正规的旅行团，以使出行有保障，当难以避免与陌生人同行时，一定要注意核实对方的身份，尽量不去过于偏远的地点。

2

　　随时向家人报备，必要时报警求助。在旅行前以及旅行途中，一定要随时向家人告知自己的真实去向、具体的居住地点、同行人的联系方式等。在旅行途中要与父母保持联系，旅行中如果发现可疑之处，一定要和父母沟通，有助于父母及时向我们提供帮助。在与陌生的"旅游搭子"旅行前以及出行过程中，留心保存证明材料，比如与对方的聊天记录、购票信息、平台详情等，一旦被骗或遭遇危机，要第一时间向警察求助。

小试牛刀

1.尽量不要与（　）一同出游。

A.父母

B.网友

C.同班同学

D.亲戚

2.（　）最不可能是"旅游搭子"。

A.社交平台上的网友

B.在旅游景点认识的新朋友

C.同班同学

D.正规旅行社的导游

3."旅游搭子"的欺骗手段不包括（　）。

A."我们组建一个旅游群，一起出去玩吧！"

B."等待一位旅行小伙伴，我们有人有车还有梦。"

C."我们旅行团在旅行前需要与您的家长签订旅行合同。同时，为了保障您的出行安全，我们还需要购买人身保险。"

D."我们相逢即缘分，明天可以一起去景点。"

4. 在旅行过程中，一定不能（　　）。

A. 每晚与父母电话联系

B. 不告知父母酒店变更的情况

C. 保存好车票、景点门票等电子、纸质票据，以及与出游伙伴的聊天记录

D. 牢记当地派出所的电话号码

第六章
交友诈骗

第一节　警惕个人信息泄漏

　　个人信息是我们隐私的一部分，包括姓名、出生日期、身份证号码、联系方式、生物识别信息等。其中，身份证号码不只是一串数字，它是每一个人的身份标识，它能透露出你的出生地、出生年月、性别等很多信息。

　　我们要保存好证件和证件信息，不能随便暴露自己的个人信息，更不能随意出借身份证。因为许多不法分子会偷偷利用甚至非法买卖身份证件、个人信息来实施多种犯罪活动。换句话说，保护好自己的信息，就能防止别人在世界的某处"代替我们行事"。

　　暑假的一天，17 岁的高中生小明和小义在网吧遇到了许久不见的初中同学小亮，三人尽兴地打了一通游戏后，开始聊天。

"想不想挣点儿零花钱？咱们这个年龄可以办银行卡了，然后你们把卡借给我用用，我给你们一人1000块钱！"小亮说道。小明和小义一听，心想：怎么会有这等好事？两人对此表示怀疑："不是吧？我们就给你一张空卡，你就给我们一人1000块钱？这不是天上掉馅儿饼吗？"小亮解释道："我可没有坏心思，我有个做生意的好朋友，需要用银行卡进行周转。你俩就放心吧，绝对靠谱！"第二天，小明和小义一人办了一张银行卡交给了小亮，并将密码告诉了小亮。小亮信守承诺，给了小明和小义每人1000元。

过了几天，小亮打电话告诉小明和小义："你们的银行卡被我不小心弄丢了，我朋友也用不上你们的卡了，你们去挂失吧！"此后，他们就没再联系了。

　　很快就开学了，由于学业繁忙，小明和小义再也没想起过银行卡的事。某天，小明和小义被老师叫到办公室，办公室中有警察在等着他们。原来，他俩暑假办的银行卡涉嫌被犯罪分子用来接收电信诈骗的赃款。在警察的教育下，小明和小义深刻认识到了自己所犯的错误，最终依法获得从宽处理。

　　作为学生的我们一般没有多少零花钱，表面上看，我们难以成为诈骗分子的目标，但是我们的个人信息等很有可能被诈骗分子利用，比如，发生像上述这样的事情。再如，被媒体多次报道过的诈骗事件——一些爸爸妈妈收到"自己的孩子"或"孩子的老师"发来的或是"要交补课费和书本费"，或是"孩子突然生病住院了，需要交住院押金"等诈骗短信。诈骗分子是怎么获取我们的信息的呢？可能是我们做一些问卷时个人信息被泄露了；也可能是在网上看到某网友分享的一些有趣的测试时，我们也去测试，于是就把自己的信息在无意中泄露出去了；等等。

　　所以，我们一定要好好保护自己的个人信息，它们是我们独一无二的象征，千万不能被别人偷走啊！

◎ 防骗要点 ◎

1

切勿在网络社交平台透露自己的个人隐私，包括真实姓名、身份证号、手机号等。在互联网上分享信息时，我们往往不经意地在照片或文字中暴露自己的手机号、身份证号、护照号或学校地址、真实姓名等重要个人信息，这些个人信息很可能被别有用心的不法分子利用，为他们实施诈骗埋下伏笔。

2

不要随意出借个人账号给他人，包括 QQ 号、微信号、支付宝账号以及银行卡等。这些极有可能被诈骗分子利用，成为其骗钱、销赃的工具。

3

遇到可疑情形时，可以分三步来识别自己的个人信息是否被泄露。第一步，问清对方身份。尤其在线上有朋友、同学向你索要某些账号时，首先要确定对方的账号是不是确实是其本人在使用，可以通过打电话等方式确认账号使用者的身份。第二步，问清缘由。要问清楚对方索要账号的理由。第三步，控制过程。如果前两步确实没问题，操作时也要尽量自己亲自操作，并在使用后立刻更改账户的密码。

1.同班同学想借用你的手机号注册一个微信号，向你索要手机验证码帮他完成注册步骤，此时你应（　）。

A.对好朋友一定要两肋插刀，马上帮忙

B.关系好的朋友借，不太熟的朋友不借

C.手机号与我的身份信息绑定，坚决不借

D.把别人的手机号借给他

2.你在QQ上认识的一位网友提出想给你寄你喜欢的明星的亲笔签名照片，向你要你的居住地址、姓名和手机号，你应该（　）。

A.认识很久了，给他也无妨

B.警惕一些，把收件人的名字改成网名就行

C.把爸爸妈妈单位的地址发给他

D.委婉拒绝，心意到了就好

3.你逛街时遇到一位小姐姐，她说你只要扫描二维码填写一份问卷，就可以免费获得一份价值69元的盲盒，你应该（　）。

A.立即扫码填写

B.拉上朋友一起扫码填写

C.扫码但输入他人信息

D.拒绝扫码

4.你的游戏好友转发给你"填写信息送游戏皮肤"的链接,说:"这是这款游戏 5 周年的活动,你只要配合做一下任务,填写个人信息就能领到游戏皮肤或者官方周边,这羊毛,得薅!我领到了,你也赶紧试试!"你打开链接,链接中有如下文字:"只需填写身份证号绑定游戏账号,即可领取游戏极品皮肤"。此时,你应该这样想(   )。

A.朋友试过的准没错,立刻填

B.就算输入的是别人的身份证号,也可能泄露别人的信息,不填

C.可以不填我的身份证,而是填其他人的,所以不用担心安全问题

D.只要不用我输入自己的信息就没关系

第二节　有些"网恋"只为借钱

　　处于青春期，情感萌动，有些同学可能热衷于在网络上结交朋友。然而，我们要时刻提高警惕，要明辨是非，不要被甜言蜜语等迷惑，因为网上隐藏着各式各样的骗局。不要轻易答应对方线下见面的请求，不随意转账，不向网友发送自己的私密照片，不要泄露个人隐私。在网络世界中，防人之心不可无，不能给不法分子可乘之机。

　　2021年7月的某一天，17岁的男生小尹正在玩手机，突然，QQ中弹出一条请求加好友的消息："哈喽，小尹，我是小雅，咱们认识一下吧！"小尹想都没想便将对方添加为好友。小雅称自己是一所中学高二的女生。从那以后，小雅总是时不时找小尹聊天，小尹也渐渐对小雅心生好感，一来二去，两个人便开始了"网恋"。2021

年9月，小雅还约小尹在线下见了面，小尹更加坚信小雅就是自己的"梦中情人"。

"小尹，我的手机没有话费了，你能不能帮我充一下话费？""小尹，我的电动车坏了，你能借我点儿钱让我买辆新电动车吗？""小尹，我爸爸住院了，急需一大笔钱，我家现在拿不出这么多钱，你能先借我一些吗？"……小尹和小雅的"恋情"稳定后，小雅向小尹陆陆续续提出借钱的要求，小尹的家庭条件不错，小尹对小雅的每个要求都欣然答应。小雅还提供了另一个微信号，让小尹以后将生日红包、相识纪念日红包、情人节红包都发到这个微信里，并称自己原来的微信号

没有绑定银行卡，这个微信号绑定了银行卡可以收钱。小尹未起疑心，都一一照办。

可是后来有一天，当小尹给小雅过完生日，发完生日红包的当晚，小尹发现自己怎么也联系不上小雅了：自己的微信被小雅拉黑，小雅的电话怎么也打不通，最后，对方的电话发出的是关机的语音提示。之后，小尹连着好几天尝试继续联系小雅都未果。小尹这才明白，自己可能经历了诈骗，果断地选择了报警。

从 2021 年 8 月至 2022 年 10 月，直到小尹意识到自己上当受骗报警为止，他通过微信给小雅发红包、转账共计 8 万元。

防骗要点

1

在互联网上有许多机会能结交来自天南海北的志同道合的"互联网好朋友"，大家互相诉说学习的压力与成长中遇到的烦心事，可以调节自己的情绪。但互联网上的人形形色色，很多号码顶着可爱或帅气的动漫头像，但没有人知道头像下的真面目到底是什么样的，所以，千万不能轻信互联网上的陌生人发出的信息。

2

他人要求我们发红包，或向我们借零钱时，我们一定要多个心眼儿，当心自己成为"网恋提款机"。诈骗的金额往往积少成多，如果对方频频借钱，即使数额很小也需要警惕和注意，例如"从一杯20元的奶茶钱"开始借起，下一次可能是"100元的吃饭钱"，再下一次就是"家里人生病了，借500元买药"，最后可能对方就以一句"分手吧"把我们拉黑。

3

除了骗取钱财，有些网友还可能提出类似于"我有个朋友之前借了我一笔钱，现在要还我了，能不能把这笔钱打到你的卡上呀"这种要求。这样做，看似我们没有被骗去财物，但是，这笔钱极有可能是诈骗分子诈骗所得的赃款，或者后续会有其他诈骗手段，所以对这种要求我们也不能同意。

小试牛刀

1.你在网络上认识了一个网友，对方给你的感觉很可靠，但你们在现实生活中从未有过交集，你也未核实过对方的个人信息。某日，对方因急事向你借钱，你应该（　　）。

A.感觉这个人很可靠，借给他他肯定能还给我

B.我要让他给我写一张欠条，他给我写，我就借

C.借太多就有问题，如果只借10元的话就借

D.虽然相处过一段时间，但网友不可轻信，还是找个理由拒绝他吧

2.若你遇到诈骗，你应选择（　　）。（多选）

A.自认倒霉

B.拨打110或到附近的派出所报案

C.保存好骗子的账号、转账记录等相关信息

D.独自联系骗子让其返还钱财

3.对"杀猪盘"正确的理解是（　　）。

A.杀猪时用的盘子

B. 一种像猪的外形的盘子

C. 以恋爱、投资等为名进行的诈骗

D. 卖猪肉的店

4. 你非常喜欢某社交平台上的一位学习博主，他很优秀，你很喜欢他的风格。你考试没考好或和同桌发生不愉快的事情等都会找他倾诉，他也会隔三岔五地回复你，为你排忧解难。一天，他对你说他爸爸不让他继续做博主了，手机要被卖掉，以后不能和你联系了，希望你资助他些钱，好让他去买一个新手机。此时你应该（   ）。

A. 拒绝资助，告诉他自己也没有钱

B. 马上答应，拿自己的压岁钱、零花钱帮助他

C. 和其他粉丝一起众筹

D. 和爸爸妈妈说明情况，请求他们帮助

5. 如果你有一个通过 QQ 认识的男（女）朋友，有一天他（她）说自己的朋友在做小生意，让你也凑点儿钱进行"投资"，你应该（   ）。

A. 先投资一点儿钱观望一下收益怎么样

B. 问清楚他朋友的创业规划，再考虑是否投资

C. 毕竟是自己的男（女）朋友，还是值得信任的

D. 在和对方深入交往之前无论如何都不能轻易有金钱往来

第三节　直播打赏要理性

　　直播打赏不能盲目进行。现在，我们经常能在网上看到各种类型的直播，观看直播时，有些观众会给主播打赏。我们青少年并不具备大量打赏的经济能力，而且，我们也并不会因打赏而得到有益的回报，甚至会有不法分子将诈骗行为伪装成直播打赏方式，诱导我们消费。我们千万不要掉入网络中的消费陷阱，而要将目光投向现实世界。

　　2023年暑假，16岁的小郑在家里做网络直播帮父母卖家里的农产品。小郑的直播间虽然人气一般，但一直有几个粉丝始终如一地支持着小郑。一天，有一个账户名为"上山打老虎"的人来到小郑的直播间，虽然账户名字不一样，但这个人的头像与小郑的直播间的"榜一大哥"老杨的头像一模一样。小郑心想：这不会是老杨的小号吧？老杨可是我的头号粉丝，我得和他打个招呼才行。三言两语的简单问候之后，对方的回复让小郑感到这的确就是老杨的小号。

时间不早了，小郑准备下播，此时"老杨"的小号却开启了一个语音直播间，还私信小郑："小郑，我也开了个直播间，你进来给我涨涨人气、刷刷礼物呗！你放心，大哥我不差这几个钱，你给我刷的，我全都会还给你！"小郑想到老杨一直以来都非常支持自己，还在自己的直播间刷过不少礼物，于是没多想就欣然答应了。

随后，小郑来到"老杨"的小号开的直播间，心想："现在给老杨捧场，到时候他会还给我钱的。"小郑便连续刷礼物，一晚上刷了 8530 抖币的礼物。

"老杨"的小号快下播前，小郑收到"老杨"发来"早点儿休息"的消息。可是当小郑回复"老杨"，问他什么时候把抖币还给自己时，却发觉"老杨"已将自己拉黑。"这老杨是怎么回事？"小郑一气之下，打开微信，在之前添加过的老杨的微信中与其对质。可哪知，老杨并不知道这件事情。小郑在微信上与老杨进一步核实后才发觉自己上当受骗了！那个头像与老杨一样，名字叫"上山打老虎"的人根本不是老杨本人！而小郑由于轻信对方，且没有及时找真正的老杨核实情况，短短几个小时被骗了 853 元。

防骗要点

1

　　观看短视频、直播时，不要轻易点击有关链接。有些非正规直播平台隐藏着让我们的账号被盗、让我们的手机中木马病毒等风险，很可能导致财产损失以及信息泄漏。

2

　　不要冲动打赏或消费，不要被虚荣冲昏头脑。主播非常希望观众观看直播时为他们刷一些小礼物。但是，作为学生的我们要切记，为网络主播打赏、刷礼物并不是我们必须完成的人生任务。即使你特别想送主播礼物，也要在自己的能力范围内，切勿被主播或者直播弹幕中的话语带节奏。另外，也不要相信直播或某些链接中所说的"低价金币""低价礼物"等，所谓的"低价"，可能背后暗藏着一连串的骗术，使相信它的人最终得不偿失。

3

　　不要在官方直播平台以外私下向主播转账、送礼或进行其他交易。一方面，我们对主播的真实身份难以进行核实；另一方面，正规平台之外的不安全支付方式不仅有可能导致支付账号信息泄漏，还有可能导致我们自己或父母的银行卡被盗刷。

1. 一天晚上，你无意间在某直播平台刷到一家店铺正在特价出售你很想要的那双限量版球鞋，主播说这双限量版球鞋之所以特价出售，是品牌内部的优惠券系统出现漏洞，所以购买者需要联系客服，通过链接领取特价购买方式。你联系了客服，客服给你发来一个链接，要求你点击链接下单，此时你应该（   ）。

    A.直接点击链接下单购买，好货不等人

    B.先点击链接，确认球鞋是不是正品

    C.先确认链接是安全的，再打开链接

    D.不是直播平台的官方渠道，绝不下单

2. 你正在看一个你关注了很久的博主的直播，突然你收到了该博主的私信，内容是"我知道你是我的铁粉，我一直记着你的昵称ID，这是我的小号。我每天直播好累，公司要抽走好多钱，你能在这个小号里给我刷两辆跑车吗？这样的礼物，我不用跟经纪公司分成。谢谢你！"。此时你要（   ）。

    A.必须力挺自己喜欢的博主，马上去给他刷

    B.我是学生，零花钱不够刷跑车，我给他刷点儿别的礼物吧

C. 我要核实一下这个小号，去问问他是不是真的，是真的话就刷跑车

D. 不仅要核实这个账号是不是博主本人的，还要考虑自己的学生身份和实际情况，量力而行，且不去做现在不应该做的事

3. 你在看网络直播时，主播说："接下来进行抽奖环节，中奖的观众请填写手机号，我们的客服会联系你。"这时你手机上的直播页面弹出"恭喜中奖"字样并要求你输入电话号码。你提交后，紧跟着打进来一通电话，下面可能是诈骗电话的是（　　）。（多选）

A. 以 95 开头，号码超过 6 位数

B. 不显示来电号码

C. 以 00 开头的号码

D. 以 400 开头的号码

4. 下面（　　）属于网络直播诈骗的手段。（多选）

A. 主播男扮女装，在直播中大打感情牌并私下加你的微信，与你相谈甚欢，你们的感情逐渐升温。随后主播声称自己要与他人连续进行 3 场 PK，取胜后才可以通过试用期成为正式员工，要求你在直播间充值，助其获胜

B. "关注主播并打赏，送出你的小火箭！多充值还可以享受高额返利，还你一份不菲的财富！"

C. 你在看直播时收到私信："请你加入群聊，为你喜欢的明星'打 Call'！"当你加入群聊后，有一位自称是"警察"的人以你涉嫌泄露明星隐私为由要求你在线上缴纳保证金，将保证金打入其私人账号，这样就不再追究你的责任

D. 主播在直播间唱着你最喜欢的歌，跳着最炫的舞，向观众索要礼物甚至要求高额打赏，还保证打赏最多的前三名年底会得到分红

5. 如果某直播平台有一个你很喜欢的主播，你还为他（她）打赏过礼物。若他（她）某一天提出希望你向他（她）赠送更大额的礼物，并提出加你的微信、QQ，与你发展为朋友或恋人关系，你该（　　）。（多选）

A. 千金难买快乐，继续大额打赏

B. 根据自己的身份和消费水平，理性决定花销

C. 在没有进一步了解主播的真实信息之前，谨慎发展亲密的关系

D. 爽快答应，能和喜欢的主播建立更近关系的机会难得

第七章
利用同情心诈骗

第一节　真假慈善须甄别

有同情心并出手帮助确实有困难的人是一种美德，向求助的人伸出援手是一种善行。

现实生活中，我们偶尔会看到街上有人乞讨，身边有人身患重病……面对他人的不幸，我们往往会同情、怜悯，甚至会出手帮助。

但是，不法分子却会利用人们的同情心和善意，通过伪装、杜撰不幸或凄惨经历等方式实施诈骗。

案例一

某些广为人知的筹款平台通过在患者和社会爱心组织以及爱心人士之间搭建桥梁的方式，帮助不少贫困患者解决了无钱治病的难题。当你在朋友圈或是其他平台看见有人发布求助信息筹款时，你会考虑伸手帮一把吗？

某课外兴趣机构的林老师在和学生以及家长建立起

信任之后，逐渐把教学和经营的心思转移到了"卖惨"骗钱上。

　　在一次有家长出席的学生学习成果汇报会上，林老师向家长们讲述了孩子们在兴趣班的良好的学习成果以及自己家里的"悲惨情况"——自己的母亲患有心脏病，需要马上做手术，父亲被车撞了，家里急需用钱，她在机构执教是想获得更多的收入。

　　台下，在该兴趣机构学习的小琦的妈妈听了林老师的讲述后，倍感同情，其他一些学生家长也是唏嘘不已，以小琦妈妈为首的家长们决定为林老师发起一次捐款。几天后，小琦的妈妈拿着大家筹集的 5 万多元捐款送给

林老师，让她救急。但善良的她并不知道，这一切都是林老师设下的骗局，所谓的"悲惨遭遇"都是她杜撰的。这5万多元的捐款一到手，就被林老师挥霍一空。

小琦的妈妈事后之所以知道自己被骗，是林老师好多天没来兴趣机构上课，而小琦的妈妈偶然通过官方媒体了解到林老师谎称自己患有癌症，通过网络购买了伪造的某医院的诊断书及病理报告单，通过某筹款平台发布虚假信息求捐款，事情败露后被警方抓获。原来，林老师口中的悲惨遭遇，全部是她编造的，是为了骗取大众的同情，获得一系列捐款。而其诈捐事件败露，才让其露出了真面目。

案例二

2023年暑假的一天，上高中的小蔡在某社交软件中看到有人在发红十字基金会的捐款信息。小蔡本来就是学校红十字会的一员，是个富有爱心的小伙子，看见这条红十字会捐款信息后，小蔡心想："在这么知名的平台上发布消息，能被这么多人看见，应该不会是假信息吧？要是假信息，应该早就被人举报了。我也要献爱心。"于是，他用微信扫描该信息里的二维码，进入一个捐款群，并在群里扫了一个收款二维码，转账6.6元。

小蔡将转账截图发在微信群里，希望获得一个参与捐款的证书，群主主动加他为好友，并附上留言：小蔡您好，我是本次红十字会捐款负责人，我们出具参与捐款的证书需要您累计捐款 50 元，目前无法给您出具参与证书。如果您有兴趣，可以在另一个捐款活动中参与募捐。小蔡为了获得证书，同意参与另一个募捐。这位负责人将小蔡拉进另一个微信群，并要求小蔡下载一个 App，说这个 App 可以记录小蔡的捐款信息，只要累计捐款 50 元，App 就可以自动出具捐款证书。小蔡按照

该负责人的指示，在 App 中参与了一次捐款，支付了 50 元。可他哪里知道，这款 App 是一个木马软件，他输入支付密码后，微信里的钱马上被洗劫一空。他收到银行的通知短信后，才意识到自己被骗了，连忙报警。

利用人们的同情心实施虚假慈善捐款的现象还有很多，当你遇到类似的情况时能分辨出真假吗？

1

　　遇到可疑情况，务必咨询正规平台。无论是筹款人还是捐款人，在使用筹款平台的过程中，都要谨防诈骗分子。如果遇到收取额外费用、收款方名称不符等可疑现象，可以向平台举报或直接报警，以维护清朗的网络空间。

2

　　严格树立保密意识，维护个人隐私。网络空间具有极高的透明度，我们要树立信息保密意识，不要泄露个人、家人信息。不要把自己的个人信息轻易发布在网络上，不填写各种来历不明的表格，不要随意扫描二维码，以防信息泄露，给不法分子以实施诈骗等违法活动的可乘之机。

3

　　反复求证，遇到问题时及时寻求帮助。我们在现实生活中遇到弱势群体乞讨或在网络上看到捐款求助信息时，一定要在心里反复思考，最好是加以求证后再决定是否伸出援手。

4

　　利用有效方法，瞬间识破骗局。在现实生活中，有些骗子会伪装成乞丐博取同情心，我们可以采用观察、询问等方式判断其行乞行为是否真实。

　　首先是观察，即观其外表，察其言行。虚假行乞者尽管把自己伪装得衣衫褴褛、蓬头垢面，但他们的肤色要比真实的乞讨者红润，且擅长以语言和眼泪感人，而真正的乞讨者往往目光呆滞、不善言语。

　　其次是询问，即问其缘由，辨其真伪。真正的乞讨者基本不与人交流，对自己的基本问题很难说清；而虚假的乞讨者会利用人的恻隐之心，通过语言渲染自己的悲惨。

5

　　我们应当永远记住，帮助有需要的人是美德与善举，但是慈善公益是有底线的。

小试牛刀

1.遇到线上平台发起捐款活动时，我们应该（　　）。

A.将链接转发给他人，大家一起捐款

B.核实捐款是否正式，收款方是否为真实的官方

C.直接捐款

D.不捐款但是把链接转发给他人

2.在高度透明的网络空间，我们应该（　　）。

A.树立保密意识，不乱发个人信息

B.将联系方式发布在网络上

C.扫陌生的二维码

D.填写来历不明的表格

3.青少年在不确定捐款对象的情况是否真实时，可以向（　　）求助。

A.警方或正规机构

B.网友

C.同学

D.发出捐款链接的人

第二节 救助幼老需谨慎

生活中，我们有时会遇到一些老爷爷、老奶奶或小孩子寻求路人帮助的情况，他们或是不会用智能手机付款，或是搬不动物品，或是拧不开瓶盖，热心的我们也总是乐于为他们提供帮助。但是，你是否想过，就连这类小小的帮助他人的举动，也可能让我们陷入诈骗的陷阱，甚至有可能给自己带来莫大的灾难。

在现实生活中，助人为乐是一直被提倡的优秀品德。但是，作为青少年，我们在帮助他人时应该先考虑什么情况下我们可以帮助他人，什么情况下我们要勇敢、果断地说"不"。

小莫是一名初二的学生，2023年5月的一个下午，他正走在放学回家的路上。这时，路边突然出现一位老奶奶，她面带惭愧地对小莫说道："孩子，我身上没有零钱，也不会用手机支付，能不能麻烦你和我一起去前面的超市买瓶酱油，明天我把钱放在超市柜台，你去拿可以吗？"小莫本来就是个善良的孩子，他心想："老奶奶有困难，我应该帮助她！"于是，他便答应了老奶奶的要求，与她一同前往不远处的超市。

走到超市门口，老奶奶对小莫说："孩子，我就不进去了，我在外面等你。你帮我买一瓶××牌酱油就行。谢谢你，孩子。"小莫随口说了句："放心吧，这点儿小事就包在我身上了！"于是走进了超市。可是，善良

的小莫哪能想到，这是一场精心谋划的骗局。

就在他走到调味料区挑选酱油时，小莫身旁出现一个壮汉，他用毛巾捂住了小莫的口鼻，打算对小莫实施绑架。

幸运的是，犯罪分子的行为没有得逞，小莫获救了。小莫事后得知，这是一伙通过诈骗手段实施绑架勒索的犯罪团伙，这家小超市是这伙人有意开的，早已被警方盯上了。就在小莫进店之后，立刻有便衣警察对老奶奶实施逮捕，并冲进店里制止了犯罪分子的可怕行径。

这个案例告诉我们，即使是不起眼的小事，我们的一个善良之举，也可能让我们落入危险的陷阱或处于危急的境地。我们要保持清醒的头脑，善于分析某些陌生人的举动背后可能存在的危险。即便我们出于同情心为需要的人提供帮助，也要首先保证自身的安全。

🛡 防骗要点 🛡

1

　　牢记"有困难找警察"。生活中，那些真正需要寻求帮助的人，一般会将目光转向成年人，特别是身体强健的男子或者警察。而犯罪分子所谓的"求助"却是利用青少年的判断能力弱、警惕心不强、同情心强等特点，从而实施其不法行径。因此，一旦别人请求我们帮忙，我们首先要思考我们要帮的是什么忙，对方为什么找自己帮忙。遇到可疑的求助，我们应该拒绝或者让对方找警察帮忙。即使对方的要求很简单，我们也要首先考虑保护自己的安全。

2

　　仔细判断周围环境。对于所有陌生人的要求，都要提高警惕，当被求助时，一定要对当时周围的环境进行判断。真正需要帮助的人往往会找成年人，而不是青少年。在人少、空旷的街道，遇到别人求助时，我们要判断自己是否有能力施以援手，如果周围有大人，或者我们认为自己帮助这个人有可能遭遇危险，就建议求助者向大人或警察寻求帮助。

3

　　保持警戒心理。有些骗子可能会伪装成弱势群体,比如妇女、老人、小孩、残疾人等,主动套近乎,求帮助,让我们放松警惕。我们要时刻保持警惕,千万不要和陌生人过于亲近,更不能把自己的财物交给他们保管,以免上当受骗。并且,帮助他人的时候,尽量在人多的场合进行,在周围群众的见证下提供帮助。

小试牛刀

1.现实生活中,有人向我们求助时,我们应该( )。

A.直接提供帮助

B.仔细思考对方可能的目的,然后再决定是否出手相帮

C.直接走开不理睬

D.直接大喊呼救

2.为了实施诈骗,骗子可能会伪装成弱势群体,下列( )不太可能是弱势群体。

A.妇女

B.老人

C.小孩

D.成年男子

3.下面（　　）场景骗子利用同情心实施诈骗的可能性小。

A.人少的街道

B.偏僻的野外

C.人多的公共场所

D.没有路灯的黑暗街道

4.你突然收到好友通过微信发来的信息："遇到点儿急事，能不能帮帮忙，借我800元钱？"这时你最应该（　　）。

A.作为好朋友，直接在手机上转给他

B.要求电话或视频确认

C.询问一些个人问题以核实身份

D.不理不睬

第三节　要善良，更要有心眼儿

随着线上购票和移动支付业务逐渐发展，生活中出现一些人，他们装作自己因为没有智能手机而无法购买车票，或不会在手机上购票，或是有其他困难等，让他人用手机帮忙购票或付款，然后再利用所谓的他的"朋友"转账成功的截图实施诈骗。

案例一

　　小伊是位女大学生。暑假到了，她带着行李准备回家。她刚走到火车站大厅，就有一名陌生女子凑上前来对她说："妹妹，我想请你帮个忙。我到了火车站才想起来，我的钱昨天全部给儿子交学费了，现在，我既没有现金，微信里也没有钱，而我的支付宝账号被冻结了。我刚才联系了我的一个朋友给我转钱，但是她只有支付宝里有钱。你能不能给我的微信转点儿钱，让我买张车票？我让我的朋友通过支付宝把钱还给你，可以吗？"小伊非常善良，并没有多考虑就同意了，通过微信给这名女子转了600元钱。

那名陌生女子收到钱后，打电话将小伊的支付宝号码告诉了朋友。过了一会儿，她将朋友的转账成功的截图给小伊看。小伊没有仔细看转账截图上的信息，只看到收款方和收款金额是正确的，就确认说没问题。

可是，过了一会儿，小伊查看自己的支付宝，并没有看到相应的转账，就询问这名女子。她说，可能是信号不好，让小伊再等等，并留了联系电话给小伊，说有问题随时联系她。接着她就以小伊将要乘坐的火车快到站了为由，劝小伊赶紧排队登车，小伊也只能照做。

可是登车后，小伊的支付宝依然没有收到相应的转账，她就想着联系刚才那名女子，可她拨打她的电话时，电话中的提示音显示对方已关机。她这才意识到自己可能被骗了，立刻向铁路派出所报警。接到报警后，警方立刻开展调查，并于两天后在一家宾馆内将犯罪嫌疑人抓获。

案例二

2023年5月的一天，大学生小刘在公交车站等车时，一辆车在他身边停下，开车的男子说他的手机坏了，询问小刘能否用小刘的手机联系自己的老板。

小刘抱着做好人好事的想法，答应了男子的要求。电话拨通后，电话另一端的"老板"和小刘商量向小刘借 3000 元，帮助开车的男子买一部新手机，好让自己能顺利联系该男子。老板保证说会从微信上给小刘转 4000 元，多余的钱就当作酬金。小刘心想："这样既做了好事，又可以赚 1000 元钱，何乐而不为？而且司机看起来也很朴实，电话里的老板说话也很诚恳，我不至于受骗吧。"便答应了对方的请求。

　　随后，小刘便乘坐该男子的车到银行的 ATM 机上取了 3000 元钱交给对方。该男子拿上钱后，把小刘送回学校，便开车离开了。可是，小刘却迟迟未收到微信转账，小刘想与那位"老板"联系，可是，微信被对方拉黑，电话根本打不通。小刘这才意识到自己被骗了！

🛡️ 防**骗**要点 🛡️

1

　　专业的事情给专业的人做。如果遇到类似的情况，自己无法分辨真假时，可以让对方向相关工作人员寻求帮助。一般来说，火车站和机场都设有乘客服务中心或派出所，我们可以让求助者向火车站或者机场的专业工作人员求助，甚至可以直接拨打110寻求警察的帮助。

2

　　要有警惕心理。我们作为青少年，身上携带的钱财数量一般不如成年人多。但犯罪分子看中的就是我们同情心强、判断能力弱的特点，才向我们施骗。因此，一旦我们在生活中遇到类似情况，一定要仔细思考：为什么他要找我借钱？旁边有很多大人，他为什么不找大人们求助？他有什么其他目的吗？

3

　　敢于拒绝请求。寒暑假以及春运期间，火车站和机场的旅客流量大增，难免会有些图谋不轨的诈骗分子利用我们的善良和同情心，以各种理由假装自己无法购买车（机）票，让我们帮助购买，并承诺事后将钱转给我们。虽然帮助别人的心是好的，但我们应该多留一个心眼儿。一般来说，支付宝、微信收款都是立即到账的，即使网络不佳，稍过一会儿也是可以收到转账的。如果长时间没有收到相应转账，那么就要警惕起来，尤其是听到"之后再转账""网络原因转账延迟"等较为明显的托词时，我们应该马上做出行动，不能让犯罪分子有可乘之机。

4

收到钱再离开。如果已经不慎将钱给了对方，就一定要等到自己手机收到转账后才能让当事人离开，不要相信当事人需要立刻离开的各种借口。如果当事人执意要离开，我们可以报警或向工作人员求助，保护自己的权益和财产。

小试牛刀

1.在车站遇到没钱购买车票，要求借钱买票的人，我们应该（　　）。（多选）

A.提供帮助且等待对方所说的转账结果

B.敢于拒绝

C.要求其向警察求助

D.提供帮助并让其离开

2.当自己无法确定是否真的要向对方提供帮助时，我们不可以（　）。

A.先将钱转给对方

B.要求他向警察求助

C.要求他向其他人求助

D.报警，等警察来处理

3.当你在火车站遇到一个陌生老人请求借用你的银行卡或支付工具支付火车票款时，你应该（　）。

A.毫不犹豫地拿出银行卡为其支付票款

B.拒绝提供信息，告知其向车站工作人员求助

C.询问更多细节，再为其支付

D.先为其支付，再询问细节

防诈口诀

帮助他人是美德，

防人之心不可无。

骗子总是装可怜，

擦亮眼睛仔细辨。

常人有难找大人，

坏人偏找小年轻。

遇到求助莫慌张，

寻找高人来帮忙。

搜寻周围派出所，

拨打电话找警察。

火车站里人虽多，

站务员们能相助。

时刻谨记找大人，

切记不要乱逞强。

参考答案

第一章 学习类诈骗

第一节 奖助学金认准官方渠道　答案：C

第二节 "校园贷"应拒绝　答案：B

第三节 售卖真题勿上当　答案：B

第四节 课程链接恐有诈　答案：B

第五节 修改成绩勿轻信　答案：B

第六节 缴费最好家人陪　答案：D

第二章 网络交易诈骗

第一节 刷单返利勿相信　答案：C；A；B；C

第二节 物流客服要甄别　答案：B；B；C

第三节 "免费送、领"要提防　答案：C；D

第四节 直播骗局需当心　答案：A；C；B

第五节 网络游戏骗局多　答案：C；C；C

第三章 追星诈骗

第一节 加入后援会群要擦亮眼　答案：D；A；B

第二节 偶像联系勿当真　答案：D；C

第三节 购买"明星周边"产品要理性　答案：B；D；B

第四章 冒充诈骗

第一节 冒充学校工作人员或老师　答案：D；D；B

第二节 冒充快递员　答案：C；C；A B C D

第三节 冒充朋友　答案：D；C；B

第四节 冒充警察　答案：D；A；A B C D

第五章 旅游诈骗

第一节 "机酒"改退要注意　答案：C；D；A

第二节 低价出票要警惕　答案：D；A；A

第三节 找"旅游搭子"要当心　答案：B；A；C；B

第六章 交友诈骗

第一节 警惕个人信息泄漏　答案：C；D；D；B

第二节 有些"网恋"只为借钱　答案：D；B C；C；A；D

第三节 直播打赏要理性　答案：D；D；A B C D；A B C D；B C

第七章 利用同情心诈骗

第一节 真假慈善须甄别　答案：B；A；A

第二节 救助幼老需谨慎　答案：B；D；C；B

第三节 要善良，更要有心眼儿　答案：B C；A；B